CHAKRAS
PARA TU CUIDADO PERSONAL

ACTIVA EL PODER CURATIVO
DE LOS CHAKRAS CON
RITUALES COTIDIANOS

AMBI KAVANAGH

PREFACIO DE POPPY JAMIE

Si este libro le ha interesado y desea que le mantengamos informado de nuestras publicaciones, escríbanos indicándonos qué temas son de su interés (Astrología, Autoayuda, Psicología, Artes Marciales, Naturismo, Espiritualidad, Tradición...) y gustosamente le complaceremos.

Puede consultar nuestro catálogo en www.edicionesobelisco.com

Los editores no han comprobado la eficacia ni el resultado de las recetas, productos, fórmulas técnicas, ejercicios o similares contenidos en este libro. Instan a los lectores a consultar al médico o especialista de la salud ante cualquier duda que surja. No asumen, por lo tanto, responsabilidad alguna en cuanto a su utilización ni realizan asesoramiento al respecto.

Colección Salud y vida natural
CHAKRAS PARA TU CUIDADO PERSONAL
Ambi Kavanagh

Título original: *Chakras & Self-Care*

1.ª edición: noviembre de 2024

Traducción: *Jordi Font*
Maquetación: *Juan Bejarano*
Corrección: *Sara Moreno*
Diseño de cubierta: *Enrique Iborra*

© 2020, Penguin Random House LLC
Publicado en inglés en Estados Unidos por Zeitgeist,
sello de Zeitgeist®, una división de Penguin Random House LLC., NY,
www.penguinrandomhouse.com
Zeitgeist® es marca registrada de Penguin Random House LLC.
(Reservados todos los derechos)
© 2024, Ediciones Obelisco, S.L.
(Reservados los derechos para la presente edición)

Edita: Ediciones Obelisco, S.L.
Collita, 23-25. Pol. Ind. Molí de la Bastida
08191 Rubí - Barcelona - España
Tel. 93 309 85 25
E-mail: info@edicionesobelisco.com

ISBN: 978-84-1172-195-0
DL B 15653-2024

Impreso en Gràfiques Martí Berrio, S.L.
c/ Llobateres, 16-18, Taller 7 - Nave 10. Pol. Ind. Santiga
08210 - Barberà del Vallès - Barcelona

Printed in Spain

Reservados todos los derechos. Ninguna parte de esta publicación, incluido el diseño de la cubierta, puede ser reproducida, almacenada, transmitida o utilizada en manera alguna por ningún medio, ya sea electrónico, químico, mecánico, óptico, de grabación o electrográfico, sin el previo consentimiento por escrito del editor. Diríjase a CEDRO (Centro Español de Derechos Reprográficos, www.cedro.org) si necesita fotocopiar o escanear algún fragmento de esta obra.

DEDICADO A MI MARIDO, KEVIN,
A NUESTRO HIJO, ASHER,
Y A MI PROFESORA NOELLE:
MIS CÓMPLICES EN EL EQUILIBRIO
DE MIS CHAKRAS

ÍNDICE

Prefacio • 8

Introducción • 11

AUTOCUIDADO SAGRADO

UNO Fundamentos de los chakras • 19

DOS Chakra de la raíz • 39

TRES Chakra del sacro • 57

CUATRO Chakra del plexo solar • 73

CINCO Chakra del corazón • 89

SEIS Chakra de la garganta • 107

SIETE Chakra del tercer ojo • 125

OCHO Chakra de la coronilla • 145

RITUALES DE EQUILIBRIO DE CHAKRAS

NUEVE Rituales diarios sencillos • 167

DIEZ Rituales estacionales de renovación • 193

Apéndice • 214 | Recursos • 215 | Índice analítico • 216

Agradecimientos • 223 | Acerca de la autora • 224

PREFACIO

En esencia, el autocuidado es el acto deliberado de valorar nuestra propia salud mental, emocional, espiritual y física. Se basa en el amor propio y en la capacidad de controlarnos a nosotros mismos y encontrarnos exactamente allí donde estamos. Por desgracia, se ha perdido el verdadero significado de autocuidado. Lo vemos representado en todas partes como una tendencia moderna con lujosos baños de espuma, cajas de suscripción anunciadas hasta la saciedad y zumos de apio. En nuestro mundo permanentemente sobrecargado de información, a menudo nos dejamos atrapar por estas cosas y perdemos la noción del verdadero autocuidado, ya que priorizamos obtener *likes* y mantenernos ocupados por encima de nuestras propias necesidades. Por este motivo, no debería sorprendernos que nos encontremos un poco perdidos y con una desesperada necesidad de orientación cuando intentamos tomar el control de nuestra salud y felicidad.

Aquí es donde entra en juego *Chakras para tu cuidado personal*. Considéralo tu guía para desarrollar, nutrir y equilibrar tu bienestar mientras navegas por la vida moderna. Combinando rituales prácticos con la ciencia y la filosofía de miles de años, te enseña sobre el poder de equilibrar tu sistema energético o tus chakras. Aprenderás a conectarte con tu sistema de guía interno y desbloquearás la sabiduría que llevas en tu cuerpo. La salud preventiva comienza cuando comienza el proceso de reconexión y tu mente, tu cuerpo y tu alma se mueven en armonía.

Este libro también es una manifestación de su autora, Ambi Kavanagh. Ambi, una voz espectacular y muy necesaria en este campo, pasó años como abogada antes de convertirse en una líder en la industria del bienestar (incluso antes de que existiera tal «industria») utilizando modalidades como la sanación con sonido, la astrología, el reiki y el *coaching* de vida. Basándose en sus propias experiencias, tiene una capacidad única para sanar, reparar y hacer que brilles desde tu interior.

A medida que pasas las páginas, puedes comenzar abriendo uno de tus chakras bajo la guía de Ambi o tal vez probar uno de sus rituales para liberar lo que ya no te sirve. Con el tiempo, probablemente te encontrarás incorporando cada vez más prácticas en tu vida cotidiana, y es entonces cuando realmente despega la sanación rejuvenecedora.

Estoy encantada de que te embarques en tu viaje de sanación para descubrir y aprender la versión más equilibrada, despierta y alineada de ti mismo. No sólo te encuentras en manos seguras, sino también en manos mágicas y sanadoras.

POPPY JAMIE
Fundadora de Happy Not Perfect

INTRODUCCIÓN

HAY UNA PROFUNDA SABIDURÍA
EN NUESTRA CARNE, OJALÁ
PODAMOS LLEGAR A NUESTROS
SENTIDOS Y SENTIRLA

Elizabeth A. Behnke

¿Qué pasaría si todo lo que necesitas para ser tu mejor yo —mente, cuerpo y alma— ya estuviera dentro de ti? Imagínate si esta sabiduría contuviera no sólo remedios para tu vida, sino también prácticas preventivas, de modo que tuvieras menos problemas a los que hacer frente. ¿Cuán diferente sería la vida si pudieras aprovechar este conocimiento para experimentar más serenidad, mejor salud física y una sensación de alineamiento, satisfacción y propósito? En este libro, exploramos cómo la antigua sabiduría del sistema de chakras puede ayudarte a conseguir esto y más cosas.

Chakra, que proviene del sánscrito antiguo, significa «rueda de luz que gira». El sistema de chakras está formado por siete ruedas energéticas principales que regulan nuestro cuerpo energético. Nuestros antepasados comprendieron y trabajaron intuitivamente con sus cuerpos energéticos y los ritmos y las estaciones de la naturaleza. La buena noticia es que este conocimiento y esta práctica no se limitan al pasado. Y los necesitamos más que nunca en nuestra vida moderna. Al igual que nuestros antepasados, también podemos vivir en alineación con los ciclos lunares y la Madre Naturaleza para aprovechar nuestros biorritmos naturales: los ciclos corporales que regulan nuestra salud, nuestras emociones y nuestro intelecto.

En el mundo agitado y a menudo estresante de hoy en día, las ruedas de nuestro cuerpo energético a menudo se ven comprometidas en detrimento de nuestro cuerpo físico y, de hecho, de nuestra vida. Y aunque dedicamos tiempo, dinero y energía a cuidar nuestro cuerpo físico, a menudo pasamos por alto nuestro cuerpo energético y subestimamos el importante papel que desempeña en nuestro bienestar general. Si queremos una salud óptima, debemos cuidar más nuestro cuerpo energético. Si bien la medicina moderna ha logrado muchos avances que han cambiado nuestra vida, también ha disminuido inadvertidamente nuestra capacidad innata de autosanación. En realidad, muchas enfermedades provienen de un malestar o una desconexión entre la mente, el cuerpo y el alma, provocada por bloqueos en el cuerpo energético. Todos sabemos que es mejor prevenir que curar, y muchas de nuestras dolencias se pueden prevenir trabajando conscientemente con el sistema de chakras de cuidado personal.

Descubrí el sistema de chakras poco después de mi despertar espiritual en 2008 y desde entonces he estudiado y trabajado con el sistema de chakras de cuidado personal para dar más orden, equilibrio y armonía a mi vida. Fue una de las lecciones y enseñanzas más importantes que he recibido, y ello cambió mi vida. (¡Puedo atribuir a despertar y al viaje que le siguió el ayudarme a concebir y dar a luz de manera natural a mi bebé sano cuando ya había superado la barrera de los cuarenta años!). Como maestra de reiki, sanadora con sonido, astróloga y *coaching* de vida, he compartido este conocimiento con centenares de mis clientes en nuestro trabajo conjunto. He visto de primera mano el impacto positivo que el autocuidado de los chakras ha tenido sobre su vida, ayudándolos a superar problemas de salud, tener más energía, disfrutar de serenidad, alinearse con su verdadero propósito y tener más confianza en sí mismos. Como consecuencia de ello, han podido atraer a las personas adecuadas y tomar decisiones positivas ante situaciones difíciles. Ha sido increíble ser testigo del poder de esta práctica.

Este libro te ayudará a beneficiarte de estas enseñanzas eternas para que experimentes más equilibrio, sanación y armonía. En la primera parte del libro, exploramos cada uno de los siete chakras principales y su función en tu vida. También aprenderás sobre los cristales y los aceites esenciales que ayudan a abrir cada chakra, y cubriremos los arquetipos divinos para ayudarte a alcanzar el máximo potencial de cada chakra. También te proporcionaré ejercicios y meditaciones, incluida una meditación de visualización de chakras, para ayudarte a conectar con estos centros de energía, y a continuación te guiaré a través de una meditación de activación paso a paso que te ayudará a abrir cada chakra para que tu energía fluya libremente.

La segunda parte del libro cubre prácticas para el equilibrio diario y estacional de chakras, e incluye remedios y recetas, así como rituales, afirmaciones y meditaciones. Te ayudarán a aprender a incorporar esta sabiduría atemporal en tu vida cotidiana.

Mi más sincero deseo al escribir este libro es ayudarte a conectar más contigo mismo y con el mundo natural. A medida que aprendas cosas sobre el sistema de chakras y el funcionamiento de tu cuerpo energético, aprenderás a apreciar tu poder innato y ello transformará tu vida. Te animo a que te tomes tu tiempo con el libro; empápate de todo, escribe un diario sobre tus experiencias con las meditaciones y los rituales, y revisa los capítulos cuando lo necesites. Con la profunda sabiduría de los chakras dentro de ti, tendrás el poder de disfrutar de una existencia más sana, más feliz y más alineada, toma conciencia de tu verdadera esencia, disfruta de tus seres queridos, y goza del mundo natural y de una mejor calidad de vida.

AUTOCUIDADO SAGRADO

UNO

FUNDAMENTOS DE LOS CHAKRAS

EL FLUJO DE ENERGÍA A TRAVÉS
DE UN SISTEMA ACTÚA PARA
ORGANIZAR ESE SISTEMA

Harold Morowitz

En este capítulo, te presentaré la historia de los chakras y te ayudaré a construir las bases de su conocimiento. Aprenderás los siete chakras principales, los numerosos conceptos y términos clave asociados con la sanación energética de los chakras, y las herramientas de las que te puedes beneficiar para comenzar tu viaje. También hay un ejercicio práctico que te ayudará a conectarte y a evaluar tus chakras, para que puedas comenzar a comprender cómo restaurar cualquier desequilibrio energético.

¿QUÉ ES UN CHAKRA?

Como se ha mencionado en la introducción, *chakra* es una palabra sánscrita que significa «rueda que gira». El sánscrito es el antiguo idioma védico utilizado en la India, y el término *chakra* se describió por primera vez en las escrituras védicas hace miles de años. En los textos antiguos llamados Vedas, los chakras se describían como conectados por *nadis* (en sánscrito, «ríos»), lo que permitía que el *prana* (en sánscrito, «fuerza vital») fluyera a través de nuestro cuerpo.

Muchos textos espirituales antiguos utilizan metáforas y simbolismos como parte de sus enseñanzas. Los Vedas utilizaban la tierra como metáfora del cuerpo físico, con los siete chakras principales como diferentes partes de la tierra y los nadis como los ríos que los conectaban y fluían entre ellos. Para que la tierra floreciera, cada una de las siete partes necesitaba ser regada por ríos que fluyeran libre y plenamente sin obstáculos.

Utilizando este simbolismo, las escrituras enseñan que para poder experimentar una fuerza vital óptima, tener la mejor salud física y emocional y florecer, todos los chakras deben estar abiertos y girando, permitiendo así que la energía fluya libremente por todo el cuerpo. Si alguno de los chakras no funciona de manera óptima, podría producirse un desequilibrio o un bloqueo energético, lo que provocaría problemas físicos, emocionales, espirituales y vitales.

Si bien las primeras referencias a los chakras se encuentran en las escrituras hindúes, las enseñanzas de budistas, tibetanos, mayas y cabalistas, entre otras, reconocen los chakras y hacen referencia a un sistema similar. A medida que la humanidad ha ido evolucionando, hemos explorado el bienestar fuera del ámbito de la medicina tradicional y, en muchos casos, hemos recurrido a nuestros antepasados en busca de soluciones ancestrales a los problemas modernos. Prácticas como el yoga, que también se originó en la India, resultan hoy en día populares y, de manera lenta pero segura, las enseñanzas del sistema de autocuidado a través de los chakras han pasado a un primer plano como herramientas ancestrales para la sanación holística.

¿ES REAL LA ENERGÍA DE LOS CHAKRAS?

Muchas personas pueden ser escépticas respecto de la sanación energética y tal vez pensar que es una «chorrada» o charlatanería. Tal vez incluso en este momento no estés del todo convencido de sus méritos. Sin embargo, la sanación energética se ha practicado más ampliamente fuera de la sanación alternativa y se ha integrado dentro de la medicina moderna. Por ejemplo, los médicos utilizan formas de sanación energética, como la energía sonora vibracional o los láseres infrarrojos, para el tratamiento, y algunos hospitales ofrecen reiki, una práctica de sanación energética. Estos tratamientos incluso los cubren muchas pólizas de seguro médico como tratamientos alternativos similares a la acupuntura, que proporciona curación mediante agujas muy finas clavadas en puntos específicos del cuerpo para alinear la energía. Como puedes ver, la sanación energética resulta cada vez más frecuente.

«Energía» es una palabra que se emplea mucho en el mundo de la autoayuda. Es objeto de muchas citas motivadoras y algunos memes humorísticos, por lo que puede parecer un término algo vago y sin sentido, pero esto está lejos de ser así. En resumen, la ciencia define formalmente la energía como «materia», que tiene el potencial de provocar cambios, y como la capacidad de un sistema físico de realizar «trabajo». La ciencia explica que la energía no se puede crear ni destruir, sólo transformar. La ciencia también afirma que todo, incluida la silla en la que estás sentado y, de hecho, tu cuerpo, está hecho de energía.

Todos los cuerpos también están rodeados por un campo de energía en constante cambio. Para que los cuerpos sean capaces de «hacer un trabajo» y para que ciertos aspectos (por ejemplo, partes del cuerpo o áreas de la vida) funcionen, nuestra energía deberá operar de una manera determinada. Con el propósito de involucrar nuestro sistema de chakras, cuando hablamos de energía nos referimos al prana (fuerza vital) que fluye a través de nuestro cuerpo y nos permite funcionar.

LOS SIETE CHAKRAS PRINCIPALES

El sistema de chakras es una red de canales que consta de diferentes ruedas de energía. Si bien hay más de cien chakras diferentes, siete de ellos son los chakras principales que constituyen la base de nuestro cuerpo energético. Comienzan en la base de la columna vertebral y viajan hasta la coronilla de la cabeza. Cada uno de estos siete chakras se relaciona con órganos específicos del cuerpo, así como con diversos estados emocionales, psicológicos y espirituales.

Como puedes ver en la página siguiente, el chakra de la raíz se encuentra en la base de la columna vertebral y más arriba está el chakra sacro, situado unos cinco centímetros por debajo del ombligo. A continuación se encuentra el chakra del plexo solar en el abdomen. En el pecho está el chakra del corazón. Más hacia arriba, en el cuello, se encuentra el chakra de la garganta. Entre las cejas está chakra del tercer ojo. Finalmente, en la parte superior de la cabeza, se encuentra el apropiadamente llamado chakra de la coronilla.

SAHASRARA

CHAKRA DE LA CORONILLA

AJNA

CHAKRA DEL TERCER OJO

VISHUDDHA

CHAKRA DE LA GARGANTA

ANAHATA

CHAKRA DEL CORAZÓN

MANIPURA

CHAKRA DEL PLEXO SOLAR

SWADHISTHANA

CHAKRA DEL SACRO

MULADHARA

CHAKRA DE LA RAÍZ

FUNDAMENTOS DE LOS CHAKRAS

¿CÓMO FLUYE LA ENERGÍA?

Nuestro sistema nervioso central controla la mayoría de las funciones del cuerpo y la mente, y consta del cerebro y de la médula espinal, sirviendo esta última como conducto para transmitir las señales entre el cerebro y el resto del cuerpo. El sistema de chakras para el autocuidado nos enseña que la energía fluye a lo largo de la columna vertebral y nos muestra la poderosa conexión que hay entre la mente y el cuerpo, y el importante papel que desempeña la mente en nuestra salud física.

Sushumna es el nombre sánscrito del nadi central, el río dominante de energía que fluye a través del cuerpo recorriendo la médula espinal y cada uno de los siete chakras hasta el cerebro. La palabra proviene de *sukha*, que significa «alegre», y *mana*, que significa «mente». Nuestra mente activa el sistema nervioso parasimpático, esencial para mantener el equilibrio y la armonía, así como nuestro sistema nervioso simpático, encargado de ordenar la respuesta de lucha o huida. El sistema nervioso parasimpático está profundamente conectado con el sistema de chakras, ya que se encuentra dentro de los puntos energéticos del cuerpo que se correlacionan con los chakras.

Nuestro cuerpo es un sistema operativo complejo, pero tiene un objetivo simple: mantener la homeostasis, o un estado interno equilibrado que permita un funcionamiento óptimo. Así como los sistemas nerviosos simpático y parasimpático trabajan coordinados para ayudarnos a realizar hazañas energéticas cuando sea necesario y restaurar estados energéticos calmados para mantener un equilibrio armonioso, otras partes de nuestro cuerpo también trabajan para mantener la homeostasis.

Como seres humanos en esta Tierra, de manera natural experimentaremos bloqueos, estancamiento y desequilibrio de energía. Es una parte inevitable de la vida. Como todo tiene energía, cualquier cosa puede influir positiva o negativamente sobre nuestra energía. Las emociones y los pensamientos también son energía, por lo que lo que pensamos y sentimos tiene una gran influencia sobre nuestro cuerpo energético y físico.

Cuando tenemos emociones negativas o reprimidas, o pensamientos, creencias y recuerdos dañinos, afectan nuestro cuerpo energético provocando bloqueos o estancamientos. La fuente puede ser un problema psicológico duradero que ha surgido durante la infancia, por un miedo o un trauma heredado de nuestros padres, por un acontecimiento importante de la vida o, a veces, simplemente por quedarnos atrapados en un atasco circulatorio: todo lo que experimentamos afecta nuestra energía. Esto, a su vez, puede afectar nuestra salud física, dando lugar a todo tipo de enfermedades. Si bien la medicina moderna es indudablemente esencial para nuestro bienestar, a menudo no logra abordar la causa fundamental de la enfermedad.

Para conseguir un estado de salud verdaderamente equilibrado es necesario eliminar toxinas energéticas y emocionales. Quizás te estés preguntando cómo lo conseguimos o si tan siquiera es factible. ¡La respuesta es que es más fácil y divertido de lo que crees! Las rutinas y los rituales sencillos son formas efectivas de mantener el flujo de energía. La vida cotidiana a menudo presenta obstáculos energéticos, por lo que simplemente necesitamos contrarrestarlos con rutinas y rituales que sirvan como medidas preventivas para preservar nuestra energía o contrarrestar esos disruptores para devolvernos a un estado de equilibrio energético.

ENERGÍA FEMENINA DIVINA

Es posible que hayas escuchado la expresión «ser femenino divino» como un concepto espiritual, y tal vez pienses en esto como algún tipo de jerga New Age o como algo que se aplica exclusivamente a las mujeres. En verdad, la energía divina femenina no es nada nuevo. Siempre ha existido y ha sido reconocida por diferentes culturas en todos los ámbitos, desde textos religiosos y espirituales hasta arte y literatura.

Como el nombre sugiere, la energía femenina divina representa lo que tradicionalmente se considera cualidades más femeninas, como ser cariñoso, intuitivo, empático y creativo. Esta energía se relaciona más con el hemisferio derecho (intuición y emociones, a menudo conocida como energía yin femenina) que con el izquierdo (lógica y análisis, a menudo denominada energía yang masculina). Para conectar ambos hemisferios y aprovechar esta energía, necesitamos participar en actividades más agradables y enriquecedoras que nos ayuden a conectar con nuestra intuición y nuestras emociones, así como a sentirnos conectados con los demás, con el planeta Tierra y con la propia Madre Naturaleza.

Esta energía divina femenina juega un papel importante en cada una de nuestras vidas, independientemente del género, y es crucial para el funcionamiento saludable del mundo en su conjunto. Ahora más que nunca, nuestro mundo necesita la energía del afecto, la compasión, la empatía y el amor. Del mismo modo que cada uno de nosotros la despierta dentro de nosotros, también podemos despertarla externamente para el mundo en general. Podemos aprovechar el autocuidado de los chakras para conectar conscientemente con nuestra esencia innata y aprovechar la energía femenina divina. Veremos cómo hacer esto más adelante en el libro cuando exploremos cada chakra.

ALCANZAR EL KUNDALINI

Kundalini es un término sánscrito para una energía latente enrollada en la base de la columna vertebral desde el nacimiento. Es la fuente del prana. Cuando el kundalini despierta, la energía se desenrolla y fluye libremente a través de los chakras, lo que conduce a un estado expandido de conciencia o felicidad. Éste es el objetivo final del trabajo con los chakras: conectar y liberar la energía pura y poderosa con la que todos hemos nacido, para que pueda fluir libremente a través de nosotros y llevarnos a una expansión de dicha tanto interna (nuestra conciencia) como externamente (nuestro cuerpo y nuestra vida). Si bien despertar el kundalini es un paso importante en la sanación energética y la evolución espiritual, adaptarse a los cambios que puede traer física, emocional, espiritual y energéticamente puede resultar perjudicial. Debemos ser pacientes con nosotros mismos a medida que avanzamos en el proceso de sanar nuestros chakras, alcanzar el kundalini e integrar esta nueva energía.

COMENCEMOS

Para embarcarte en tu viaje de sanación, es importante tener el entorno adecuado para realizar el trabajo sagrado, que requiere un espacio especial y tal vez incluso un altar. ¡Recuerda que todo es cuestión de energía! En este espacio, profundizarás escribiendo un diario, meditando y realizando algunos rituales, todo lo cual te permitirá conectar con tu yo superior.

TU ESPACIO DE SANACIÓN SAGRADO

Tu espacio sagrado proporciona espacio tanto físico como energético, y es esencial para tu viaje de sanación. Piensa en él como una especie de oficina espiritual, un espacio que es único para ti, que te hace sentir seguro y cómodo, y que es tranquilo e inspirador. Para crear este espacio, no necesitas una habitación completamente nueva; simplemente necesitas un lugar en el que puedas estar cómodo y tener cierto grado de privacidad. Puede ser sencillamente un rincón de una habitación. Muévete por tu casa y encuentra un lugar que te resulte agradable. Y recuerda, no es necesario que ya esté preparado para ser un espacio sagrado: ¡puedes transformarlo tú mismo! Incorporar de alguna manera la naturaleza siempre es útil para la energía de un espacio sagrado, por lo que tal vez el espacio pueda estar junto a una ventana por la que entre luz natural y aire fresco, o incluso en un balcón o una terraza donde puedas sentarte con los elementos de la Madre Naturaleza (¡si el tiempo lo permite!).

Dondequiera que elijas instalar tu espacio, hazlo sólo para los propósitos de este trabajo. Debe estar limpio y ordenado y, debes sentirte cómodo en él. Además de realizar rituales, escribirás y meditarás allí, por lo que necesitarás poder sentarte o acostarte cómodamente en él. Quizás esto signifique una silla cómoda y un escritorio, o quizás puedas colocar muchos cojines o un puf en el suelo para sentirte confortable. Puedes ser creativo con tu disposición siempre que te convenga.

Además de un lugar en el que sentarte y escribir, necesitarás algunos elementos básicos: un diario y un bolígrafo dedicados a ello, velas, un apagavelas, un ramillete de salvia blanca, una vara de palo santo, cerillas o un encendedor para tus rituales de sahumado, cristales y aceites esenciales (los comentaremos más detalladamente a medida que avancemos en cada chakra).

RITUAL DE SAHUMADO

Quemar salvia se conoce como sahumar y éste es un ritual que nuestros antepasados utilizaban para ayudar a limpiar la energía negativa dentro de un espacio o de un cuerpo, o para ayudar en la oración o un ritual. La salvia es una hierba leñosa que tiene una larga historia de aplicaciones medicinales y culinarias, y que desde hace miles de años ha sido reconocida en culturas y países de todo el mundo por sus propiedades curativas.

Sahumar se ha convertido en una práctica popular para eliminar energías no deseadas y ayudar a que fluya la energía positiva. Cuando la salvia se quema, se liberan iones negativos al aire. Al contrario de lo que sugiere el término, los iones negativos en realidad aumentan nuestra sensación de bienestar y mejoran nuestro estado mental, aportando así más positividad a nuestra vida. Antes de comenzar cualquiera de los rituales de este libro, por lo general tendrás que sahumar.

Antes de comenzar a sahumar, debes establecer una intención de lo que deseas lograr. ¿Es para eliminar la energía negativa de un espacio, de tu interior o de un objeto? ¿Es para aportar más serenidad y equilibrio energético? ¿O es para relajarte o prepararte para otro ritual o una meditación? Prepárate con esta intención antes de comenzar el ritual de sahumado.

1. Cierra todas las ventanas y asegúrate de que no haya ningún ventilador ni aire acondicionado en funcionamiento.
2. Inspira y espira profundamente unas cuantas veces y establece tu intención.

3. Prende un ramillete de salvia o algunas hojas de un ramillete de salvia. Sopla suavemente sobre él.

4. Agita suavemente la salvia alrededor de ti, del objeto o del espacio que estás purificando. Si estás limpiando un espacio, toma la salvia y agítala en cada rincón de la zona, desde el suelo hasta el techo, repasando todo el espacio y asegurándote de que llegas a cada rincón. Puedes colocar una taza o un plato pequeño debajo de la salvia para recoger las brasas encendidas.

5. Sin dejar de agitar la salvia en los lugares adecuados, regresa a tu intención y visualízala mientras miras el humo que sale de la salvia.

6. Cuando hayas terminado, puedes abrir una ventana para que entre aire fresco.

7. Para sellar el ritual de sahumado, puedes encender un incienso dulce o una vela, difundir un aceite esencial floral (por ejemplo, de jazmín) o rociar agua de rosas a tu alrededor o en el espacio. Esto aporta una energía dulce y luminosa al espacio purificado.

ALTAR SAGRADO

Puedes crear un altar personal en tu espacio sagrado. Los altares son utilizados por personas de muchas religiones y tradiciones diferentes, y se pueden encontrar en muchos lugares de culto. Sin embargo, los altares trascienden la religión y, de hecho, son cada vez más populares en los hogares como una poderosa herramienta personal para la conexión espiritual. Si decides hacer uno, tu altar servirá como una herramienta especial para tu conexión espiritual individual y tu viaje de sanación.

Montar un altar es en realidad un proceso simple, divertido y creativo. El elemento físico que utilices como altar depende de los muebles que tengas a tu disposición y del espacio de tu hogar. Puede ser cualquier cosa, desde un rincón o una mesa auxiliar hasta un mueble bajo, un mostrador, una mesita de noche o un estante de pared. No existe un objeto correcto o incorrecto. Utiliza lo que funcione en tu caso según tu espacio y lo que te haga sentir bien.

Una vez que hayas decidido qué utilizarás como altar, puedes elegir qué incluir en él. En tu altar deben colocarse objetos sagrados relacionados con la naturaleza y los cuatro elementos. Puedes incluir velas (fuego), incienso (aire), arena o tierra (tierra), o un pequeño recipiente con agua o una fuente de agua (agua). Otros elementos que puedes incluir son cristales, plantas, estatuas, conchas, plumas, etc. Se trata sólo de algunos ejemplos. No hay límite para las herramientas y los objetos que puedes incluir en tu altar. Personalízalo a tu gusto.

Cuando hayas elegido tu altar y tus herramientas sagradas, necesitas purificarlos porque, como sabemos, todo tiene energía y puede haber ciertas energías que no quieras traer a tu espacio sagrado. Puedes utilizar el ramillete de salvia para realizar un ritual de sahumado durante el cual bañas de humo los elementos con la intención de purificarlos de cualquier energía negativa o de baja vibración.

ADQUISICIÓN DE CRISTALES

Los cristales son piedras o rocas formadas por minerales que se encuentran en la Tierra. Tienen energías sanadoras naturales. Hay muchos tipos diferentes de cristales que ofrecen diferentes propiedades, según la formación geológica en la que se formaron.

Para los propósitos de nuestro trabajo en este libro, necesitarás conseguir algunos cristales, idealmente uno para cada chakra. (En los próximos capítulos ofreceré recomendaciones para las piedras de los chakras, pero puedes conformarte con sólo una para cada chakra). Las piedras pulidas son las mejores porque, como verás, a menudo utilizarás estos cristales en masajes y meditación, por lo que querrás los que no tienen bordes afilados. También recomiendo comprar un par de varitas de cristal, como por ejemplo una varita de selenita y otra de cuarzo, ya que puedes utilizarlas para múltiples chakras y para trabajos generales de equilibrio de energía en rituales y meditaciones.

No existe una forma correcta o incorrecta de comprar cristales, pero es importante comprar aquéllos con los que te sientas conectado de alguna manera. No pienses demasiado en ello. Puede ser tan sencillo como que te guste el color o la forma de una piedra en particular. Aunque es divertido ir a comprar cristales y coger piedras para sentirlas, es igual de divertido conseguir los cristales perfectos. ¡Algunos de mis cristales favoritos los he comprado a través de Internet! No importa dónde compres tus cristales, asegúrate de llevar a cabo una ceremonia de sahumado para purificar la energía que los rodea antes de comenzar a utilizarlos.

EXPECTATIVAS SALUDABLES

Al igual que los copos de nieve, todos somos intrincadamente únicos, y el lugar donde cada uno de nosotros se encuentra en este momento es un lugar energético diferente al de nuestro vecino. Al comenzar tu viaje con los chakras, recuerda que éste es tu viaje de sanación, alineamiento y cuidado personal, y por lo tanto será exclusivo para ti. Sé amable y paciente contigo mismo a medida que avanzas en este proceso, y trata de no considerarlo un fracaso sólo porque no veas un progreso inmediato. Recuerda, estás destapando y reconfigurando años de energía. No hay un período de tiempo correcto o incorrecto para alcanzar un hito. Tu viaje hacia un bienestar energético óptimo te llevará todo el tiempo que sea necesario.

Además, a medida que avanzamos en nuestro camino de sanación, es posible que necesitemos ayuda para eliminar bloqueos y desequilibrios energéticos. Ya sea que se trate de un tratamiento sanador práctico llevado a cabo por un sanador de reiki o un sanador energético, o una sesión en la que hablamos sobre asuntos emocionales con un terapeuta, un maestro espiritual o un mentor, conseguir una mano amiga (¡o un oído!) a veces es justo lo que el universo nos ha ordenado para avanzar en nuestro camino. Lo digo por experiencia personal, ya que he conocido varios sanadores energéticos diferentes y he tenido innumerables sesiones a lo largo de los años. Esto no sólo me ha ayudado en mi camino personal hacia la sanación, sino que también me ha inspirado a formarme y convertirme en sanadora. Mis sanadores se convirtieron en mis maestros y me permitieron sanar a otras personas y, con el tiempo, formar a otros como sanadores. Así que conozco por experiencia personal las muchas modalidades de sanación, practicantes y maestros que pueden apoyarte y guiarte en tu viaje hacia el alineamiento energético. Mantente abierto a recibir ayuda en tu camino de sanación y tómate el tiempo necesario para encontrar un profesional experimentado y de buena reputación con quien te sientas en sintonía.

UTILIZACIÓN DE LOS ACEITES ESENCIALES

Los aceites esenciales se emplean a menudo en aromaterapia, una forma de sanación alternativa que utiliza extractos y aromas de plantas para ayudar con determinadas dolencias y favorecer el bienestar. Estos aceites se pueden inhalar directamente, emplear con un difusor de aceites o aplicar sobre la piel (directamente o diluidos, según el aceite). También puedes combinar diferentes aceites para preparar tu propia mezcla personalizada, que es una de mis formas favoritas de trabajar con aceites esenciales.

A lo largo del libro hago recomendaciones de aceites esenciales para cada chakra y explico las propiedades de estos aceites y por qué ayudarán a ese centro de energía en particular. También te proporcionaré recetas de mezclas de aceites para que las pruebes en cada chakra. Al igual que con los cristales, no es necesario comprar varios aceites esenciales para cada chakra; sencillamente, comienza con uno para cada chakra.

A medida que conozcas los diferentes aceites esenciales recomendados para cada uno de los chakras, fíjate si te sientes más atraído por uno que por otro. También notarás que algunos aceites esenciales funcionan para varios chakras. Quizás ya conozcas el aroma de algunos de los aceites y los disfrutes. ¡Ésa es una señal segura de que te beneficiarás de esos aceites! Si es posible, busca una tienda cercana que venda aceites esenciales y huélelos para ver cuál te gusta o cuál te hace sentir bien. ¡Haz caso a tu nariz!

REVISIÓN DE CHAKRAS

Ha llegado el momento de comprobar y ver cómo funcionan tus centros de energía mientras nos embarcamos en el proceso de identificar y curar cualquier desequilibrio energético. Ten en cuenta que este control meditativo es para ayudarte a conectar con tu cuerpo energético y realizar una revisión general de cómo está funcionando. Cuando profundicemos con cada chakra en detalle, te proporcionaré meditaciones personalizadas que te ayudarán a conectar con ese chakra específico, equilibrarlo y sanarlo. Así pues, considera esta comprobación inicial de chakras como el punto de partida para conectar y trabajar conscientemente con tu cuerpo energético.

1. Encuentra un momento de serenidad en tu espacio sagrado. Haz un sahumado de tu espacio para purificar la energía (consulta el ritual de sahumado en el capítulo 1).
2. Busca una postura cómoda para sentarte o acostarte durante esta meditación (de unos 15 minutos). Cierra los ojos y respira profundamente unas cuantas veces por la nariz para ayudar a tu mente a concentrarse y estabilizar tu frecuencia cardíaca.
3. Establece la intención. Éste es el comienzo de conectar con tu cuerpo energético. Invita a la guía divina, ya sea de Dios, de los ángeles, de tus antepasados, de tus seres queridos fallecidos, del universo o simplemente de tu propia intuición.

4. Comienza el proceso de «escanear» tu cuerpo en cada chakra. Empieza en las plantas de los pies subiendo hasta la parte inferior de la espalda; luego céntrate en la parte inferior del abdomen (unos cinco centímetros por debajo del ombligo); a continuación, evalúa el centro del abdomen alrededor del ombligo; después, sube hasta el pecho y el cuello; luego, el espacio entre tus cejas y tu frente, y, finalmente, termina en la coronilla de tu cabeza. En cada chakra, piensa en cada parte de tu cuerpo. Haz todo lo posible por no pensar demasiado en este proceso, sino simplemente observa lo que puedas percibir, ver o sentir a medida que avanzas a través de cada chakra. Pregúntate:

- ¿Cómo se siente?
- ¿Qué puedo ver? Es posible que veas un color, una forma o una imagen. O tal vez imagines un recuerdo, una emoción o un sentimiento.

5. Cuando hayas terminado este proceso, da las gracias a tu cuerpo energético por esta conexión y a continuación abre lentamente los ojos. Anota todas las observaciones que puedas recordar. No te preocupes si no tienen sentido; simplemente toma nota de ellas.

6. Enciende una vela, bebe té de hierbas y tómate el tiempo necesario para reflexionar sobre tu meditación y anotar tus ideas. Trata de no analizar lo que has sentido; en vez de ello, escribe libremente. He aquí algunas indicaciones a considerar:

- ¿Cómo te sientes en general con respecto al estado de tu cuerpo energético?
- ¿Se siente tu cuerpo energético liviano y fluido, o por el contrario pesado y constreñido?
- ¿Cómo se siente cada chakra?
- ¿Sientes que alguno está de alguna manera desequilibrado o bloqueado?
- ¿Hay tensión física?

Este ejercicio debería darte una idea de tu cuerpo energético: cómo funciona en este momento cada chakra y qué chakras pueden necesitar más ayuda. A continuación, analizaremos en profundidad cada chakra, incluyendo qué gobierna cada chakra, síntomas de desequilibrio y cómo abrir, equilibrar y sanar cada chakra para que su energía fluya de manera óptima. También puedes pasar a los capítulos sobre los chakras que más te interesen y centrarte de inmediato en esas partes.

DOS

CHAKRA DE LA RAÍZ

> CUANDO LA RAÍZ ES
> PROFUNDA, NO HAY MOTIVO
> PARA TEMER AL VIENTO
>
> *Anónimo*

Como primero de los chakras que es, el chakra de la raíz es la base de todos los demás chakras y es el situado más bajo, ya que se encuentra en la base de la columna vertebral, justo debajo del coxis. También es el primero de los llamados chakras inferiores, que comprenden el chakra de la raíz, el del sacro y el del plexo solar. El nombre sánscrito de este chakra es *Muladhara,* que significa «raíz» *(mula)* y «existencia» *(adhara).* Es a partir de esta traducción que el chakra fundamental se conoce más comúnmente como chakra de la «raíz» o de la «base».

El chakra de la raíz gobierna los fundamentos de nuestra vida y los problemas centrales, incluidas nuestras necesidades básicas, nuestra sensación de seguridad, nuestra vida hogareña y familiar y cómo nos sentimos en nuestro cuerpo y en esta Tierra. Estos aspectos de la vida son nuestras raíces; nos ayudan a estar anclados y no sólo a sobrevivir, sino también a prosperar. La energía de nuestro chakra de la raíz determina nuestra capacidad de estar firmemente arraigados en nosotros mismos y en el mundo.

Cuando el chakra de la raíz funciona de manera óptima y está en una alineación saludable, tenemos una sensación interna de seguridad, que se manifiesta como un pensamiento claro y una buena concentración, lo que nos permite establecer objetivos y priorizar y realizar tareas para conseguir estos objetivos. Un chakra de la raíz sano y equilibrado genera una energía tranquila, constante y grácil que podemos aprovechar para permanecer anclados a Tierra sin dejar de ser flexibles durante los períodos de transición, y para ser ingeniosos y valientes durante los tiempos más difíciles. En este sentido, la energía sana y alineada del chakra de la raíz ayuda a alimentar energéticamente nuestra vida en todas las áreas, incluyendo lo que manifestamos y cómo nos abrimos camino tanto en los momentos buenos como en los malos.

DESEQUILIBRIO EN EL CHAKRA DE LA RAÍZ

Cuando de alguna manera las energías del chakra de la raíz están desequilibradas o bloqueadas, nos vemos afectados tanto emocional como físicamente, lo que a su vez influye sobre aspectos de nuestra vida. Es importante tener en cuenta que un chakra desequilibrado puede estar hipoactivo o hiperactivo. Cuando el chakra de la raíz está poco activado, significa que está cerrado de alguna manera. Como consecuencia de ello, podemos sentirnos inquietos, letárgicos, ansiosos y muy nerviosos, frustrados o enfadados, resentidos y desconectados tanto de nosotros mismos como del

CORRESPONDENCIAS

mundo. Como resultado, podemos tener baja autoestima y sentirnos pesimistas, inseguros y como que no encajamos. Esto a menudo se manifiesta con una sensación de agobio y de desorganización; nos resulta difícil mantener la concentración incluso para las tareas más simples y nos sentimos desarraigados de nuestras realidades físicas.

Si el chakra de la raíz está hiperactivado, es casi como si la energía estuviera haciendo horas extras. En este caso, podemos enfadarnos y ponernos agresivos ante la más mínima provocación. Podemos sentirnos demasiado apegados al mundo físico y material y, por lo tanto, abusar del dinero, la comida, el sexo, etc. Es posible que estemos demasiado anclados en nuestra posición; en otras palabras, nos resistimos al cambio y nos obsesionamos con sentirnos seguros todo el tiempo.

Como nuestro chakra de la raíz se relaciona literalmente con nuestras raíces, puede verse afectado negativamente por acontecimientos no resueltos de nuestra infancia que nos hicieron sentir inseguros, lo que da lugar a un desequilibrio en el chakra de la raíz. A medida que giran las ruedas de la vida, el chakra de la raíz también puede bloquearse o desequilibrarse fácilmente por acontecimientos que amenazan nuestro sentido de seguridad básica. Ya sean acontecimientos de la vida real o amenazas percibidas, todos ellos actúan interrumpiendo el flujo del chakra de la raíz. Por ejemplo, la inseguridad con respecto a una relación o un trabajo dispara el miedo, lo que afecta el flujo sano y equilibrado del chakra de la raíz.

El chakra de la raíz gobierna las glándulas suprarrenales, la vejiga, los riñones, las extremidades inferiores y la columna vertebral. Cuando este chakra está desequilibrado, puedes experimentar diversos síntomas físicos, entre los que se incluyen:

- Estreñimiento
- Problemas de peso
- Problemas digestivos
- Trastornos alimentarios (comer poco o en exceso)
- Fatiga o apatía
- Dolor de espalda
- Aumento de la ansiedad (incluidos ataques de pánico o síntomas similares)
- Sensación de inseguridad
- Negatividad o pesimismo
- Dificultad para concentrarse
- Baja autoestima
- Torpeza

CUANDO SE ABRE EL CHAKRA DE LA RAÍZ

Cuando el chakra de la raíz se abre y se alinea, podemos sentir calor en la parte inferior de la espalda y una sensación de hormigueo que aumenta a medida que la energía previamente bloqueada comienza a fluir de nuevo. Esto puede provocar una sensación de vibraciones en todo el cuerpo a medida que el chakra de la raíz desplaza energía a todas las partes de nuestro ser físico. Es posible que experimentemos ciertos antojos o un cambio en el apetito porque nos sentimos más arraigados con nuestro cuerpo y con el planeta. Las sensaciones más comunes de un chakra de la raíz abierto son notar más los pies y sentirnos más pesados, hechos que en realidad son el resultado de estar más con nuestros cuerpos y en contacto con la Tierra.

A veces, durante el proceso de apertura y equilibrio de este chakra, podemos experimentar la reaparición de dolencias anteriores de cuando estaba desalineado. A nivel físico, pueden variar desde dolores y molestias hasta problemas digestivos, fatiga e incluso insomnio. Temporalmente, pueden volver a surgir o a exacerbarse problemas emocionales relacionados con un chakra de la raíz bloqueado. Puede llegar a resultar angustioso, ya que puedes notar que estás dando un paso hacia adelante y luego dos hacia atrás; sin embargo, en realidad forma parte del importante proceso sanador de reequilibrar este chakra fundamental. Tenlo por seguro; estas sensaciones son temporales.

ARQUETIPO DIVINO: LA DIOSA MADRE

El chakra de la raíz conecta con el arquetipo de la Diosa Madre. Este arquetipo, al igual que la energía divina femenina, trasciende el género, ya que representa una energía nutritiva que cualquiera puede tener. La Diosa Madre alimenta, nutre y satisface nuestras necesidades. Llena de estímulo y optimismo, es compasiva y amorosa, y es una fuerza positiva en nuestra vida. Su energía nos es dada para sustentarnos física y emocionalmente.

Algunos de los nombres y de las figuras de la historia asociados con la Diosa Madre son: la Virgen María, Venus y Kuan Yin. Las más antiguas y poderosas de estas Diosas Madres son la Madre Naturaleza y la Tierra misma, a menudo denominada Gaia, la madre de todos nosotros, que sustenta nuestra propia existencia. Los nombres de la Diosa Madre han ido cambiando a medida que la humanidad ha evolucionado, pero permanece su personalidad básica como portadora y guardiana de toda la vida.

Cuando aplicamos los rasgos de la Diosa Madre a la función del chakra fundamental, recordamos el papel maternal y afectivo del chakra de la raíz. Nos ayuda a sentirnos seguros y protegidos, proporcionándonos una base sólida a partir de la cual podemos prosperar.

Cuando te conviertes en tu propia Diosa Madre, asumes la responsabilidad de tus circunstancias y eres capaz de gestionar los vaivenes que te depara la vida. Comer bien, descansar lo suficiente y depender menos de los demás son maneras de ayudar a desarrollar el arquetipo de la Diosa Madre dentro de ti. Cuidarte y nutrirte significa saber lo que necesitas y luego proporcionártelo a ti mismo lo mejor que seas capaz. Cuanto más adoptamos los rasgos de la Diosa Madre, más sanos y estables nos volvemos.

A nivel personal, la Diosa Madre estaba entre mis arquetipos favoritos con los que trabajar en mi viaje de sanación y alineamiento, y es con el que conecto más profundamente.

PIEDRAS DEL CHAKRA DE LA RAÍZ

Los cristales asociados con el chakra de la raíz tienden a ser de color más oscuro, evocando energías de la Tierra y ayudándonos a conectar con nosotros mismos. Cada cristal tiene propiedades únicas para sanar y equilibrar el chakra de la raíz.

OJO DE TIGRE ROJO

Utiliza el ojo de tigre rojo para superar la apatía, que puede aparecer con un chakra de la raíz desequilibrado. Esta piedra ayuda a hacer aflorar una sensación de alegría de vivir o de «entusiasmo por la vida». Puede utilizarse para purificar y amplificar las energías del chakra de la raíz y, a su vez, ayudar a todos los demás chakras. Me gusta sostener algunas pequeñas piedras rojas de ojo de tigre pulidas durante la meditación o tener algunas cerca cuando percibo que mi chakra de la raíz se encuentra desequilibrado.

GRANATE

Rojo o marrón terroso, el granate es una piedra extremadamente energizante y a la vez nos conecta con fuerza a tierra. Puede utilizarse en situaciones difíciles, ya que nos ayuda a ser valientes y tener esperanza, potenciando así nuestros instintos naturales de supervivencia. Un granate sin tallar es hermoso y poderoso. Es útil ponerlo en el altar y mantenerlo cerca durante la meditación.

HELIOTROPO

Utilizado en la antigua Babilonia, el heliotropo (o piedra de sangre) se consideraba mágico. Es un poderoso sanador y revitalizador con energías protectoras y de conexión a tierra. Ayuda a mitigar algunos de los síntomas de un chakra de la raíz hiperactivo, como la irritabilidad, la impaciencia y la ira. Un heliotropo grande y pulimentado es muy útil para la meditación y los rituales. Puedes sostenerlo entre tus manos, colocarlo sobre el chakra de la raíz o utilizarlo para masajear aceites esenciales en este centro de energía.

HEMATITA

Esta piedra casi totalmente negra ayuda a armonizar la mente, el cuerpo y el alma eliminando el exceso de energía y separando tus emociones de las de los demás, conectando de este modo con tu propia realidad y mejorando tu energía personal pura. Esta piedra disuelve la negatividad, restablece el equilibrio y actúa como protectora. Me encanta utilizar varitas de hematita después de las sesiones de sanación. En los rituales, me ducho o me baño y medito con una varita de hematita en cada mano (una forma segura de liberar cualquier energía que no me pertenece). Recomiendo encarecidamente las varitas de hematita para toda persona empática.

CUARZO AHUMADO

El cuarzo ahumado es uno de los cristales purificadores y de conexión a tierra más eficaces. Sirve como piedra protectora y alivia el estrés al conectarte con la Tierra. Puede absorber y transmutar cantidades significativas de energía negativa y liberarla en la Tierra, donde es neutralizada de forma natural. Proporciona un escudo vital contra los factores estresantes mentales, emocionales y ambientales. Una varita de cuarzo ahumado es imprescindible en tu colección de cristales, ya que puedes utilizarla en sanaciones, meditaciones y rituales, y para amplificar las energías de tus otras piedras.

ACEITES ESENCIALES PARA EL CHAKRA DE LA RAÍZ

Los aceites recomendados para el chakra de la raíz tienen propiedades calmantes y de conexión a tierra que promueven la tranquilidad y el equilibrio.

FRANQUINCIENSO

Durante miles de años, el aceite de franquincienso (u olíbano) se ha utilizado con fines espirituales y se ha considerado aceite sagrado. Proviene de la resina de los árboles, y nos conecta así con el mundo físico. Es un aceite muy calmante y tranquilizador que puede aliviar los pensamientos acelerados y la inquietud. Difundir este aceite puede cambiar inmediatamente la energía de tu espacio o de tu interior a un estado más tranquilo. Te lo recomiendo para tu colección de aceites esenciales.

SÁNDALO

El sándalo se obtiene de un árbol del género *Santalum* y su aroma puede aliviar la ansiedad y la irritabilidad. Este aceite es maravilloso para calmar el estrés emocional y ayuda a promover una sensación de paz interior. A menudo se difunde y se utiliza en clases de meditación o de yoga para ayudar energéticamente a los asistentes. Unas cuantas inhalaciones directas de aceite de sándalo antes de ir a dormir pueden ayudar a tener una noche de sueño reparador.

VETIVER

El aceite de vetiver es muy poderoso para calmar el sistema nervioso gracias a sus propiedades tranquilizantes y reconfortantes. Frota este aceite en las plantas de los pies o en la parte inferior de la espalda antes de meditar o de ir a dormir por la noche.

LAVANDA

Uno de los aceites relajantes y antiestrés más populares y conocidos es el de lavanda. Aparte de difundir este aceite para crear instantáneamente un ambiente de paz, puedes combinarlo con otros aceites que te aportarán incluso más tranquilidad tanto a ti como a tu entorno.

PACHULI

Este aceite sanador se obtiene de la planta de pachuli. Es eficaz para aliviar el estreñimiento, que es un síntoma de un chakra de la raíz poco activo. Aplica un masaje en la zona lumbar y alrededor del abdomen a primera hora de la mañana para ayudar al tracto digestivo.

MEZCLA TRANQUILIDAD ESPIRITUAL

Esta mezcla de aceites para el chakra de la raíz te ayudará a mantenerte relajado y en conexión con la Tierra, llevándote a un estado de confianza y de paz interior. Puedes utilizar tu mezcla diaria como parte de un ritual o de una meditación, como aceite de masaje o como fragancia estabilizadora frotándola suavemente en las muñecas o en las sienes.

INGREDIENTES

- **2 cdas.** aceite de jojoba (o de cualquier otro aceite portador de tu elección)
- **3 gotas** aceite esencial de sándalo
- **3 gotas** aceite esencial de vetiver
- **2 gotas** aceite esencial de franquincienso
- **1 gota** aceite esencial de pachuli

MATERIAL

Botella oscura de vidrio de 60 ml
Cuentagotas

CANTIDAD

Para elaborar 45 ml

1. Vierte el aceite de jojoba dentro de la botella oscura de vidrio.

2. Con un cuentagotas, añade todos los aceites esenciales. Tapa la botella y agita suavemente.

3. Aplica el aceite en la parte inferior de la espalda, las plantas de los pies, las sienes o las muñecas, según sea necesario. (Sólo para uso externo).

✿ VISUALIZACIÓN DEL CHAKRA DE LA RAÍZ

Antes de comenzar esta meditación, sahúma la habitación con un ramillete de salvia blanca o un palo santo para purificar la energía. Luego, difunde aceite de sándalo o enciende incienso de sándalo, enciende una vela y apaga las luces para crear ambiente.

1. Túmbate y cierra los ojos.
2. Respira profundamente por la nariz, espira por la boca y suspira. Deja que tus músculos y tu cuerpo se relajen. Repite esto tantas veces como sea necesario hasta que te sientas relajado y preparado para la meditación.
3. Sin dejar de inspirar y espirar profundamente, visualiza cómo tu respiración entra y sale de la base de tu columna vertebral.
4. Manteniendo los ojos cerrados, repítete a ti mismo (ya sea en silencio o en voz alta): «Reconozco y honro mi chakra de la raíz, y por eso lo veo claramente».
5. Visualiza un cubo rojo en la base de tu columna vertebral. Mira el color y el tamaño de este cubo. Observa sus vértices y sus aristas, así como cualquier otro detalle, como si está girando o estático. Fíjate cómo percibes este cubo y qué ideas recibes sobre cualquier desequilibrio o bloqueo, y qué puedes necesitar hacer para llevar el chakra de la raíz al equilibrio energético.

6. Una vez que hayas observado el cubo y hayas obtenido suficiente información sobre el funcionamiento del chakra de la raíz, tómate un momento para reconocer y dar las gracias a este punto de energía de tu cuerpo, y a continuación abre lentamente los ojos.

ACTIVACIÓN DEL CHAKRA DE LA RAÍZ

Antes de comenzar este ejercicio de activación, purifica tu espacio sagrado con un sahumerio y también purifícate a ti mismo sahumando alrededor de tu cuerpo desde la parte superior de la cabeza hasta la planta de los pies. Enciende una varita de incienso, por ejemplo, de franquincienso o de sándalo, o sahúma un aceite esencial para el chakra de la raíz. También debes estar descalzo para este ejercicio, pero puedes llevar calcetines si tienes frío en los pies.

1. Comienza de pie, pero si es necesario, puedes sentarte en una silla. Ponte erguido (tanto si estás de pie como sentado) e imagina que hay un hilo invisible en la parte superior de tu cabeza que te levanta. Deja que este hilo te ayude a levantar la cabeza, enderezando a su vez la columna vertebral y el cuello, pero manteniendo los hombros bajos y caídos.
2. Dirige tu atención a los pies y plántalos realmente en el suelo, visualizando que están creciendo raíces desde las plantas de los pies hacia la Tierra.

3. Ahora céntrate en la parte baja de tu espalda y visualiza el cubo rojo que representa tu chakra de la raíz, que has identificado en la meditación de visualización. Comienza a expandir este cubo, viéndolo cómo se hace más grande, más brillante y más vivo. Míralo cómo gira en el sentido de las agujas del reloj, comenzando lentamente y aumentando la velocidad hasta que gira libre y completamente. Visualiza la energía que fluye desde este cubo rojo y tu chakra de la raíz por todo tu cuerpo. Puedes visualizarlo como una luz pardo rojiza que impregna todo tu ser físico.
4. Cuando notes que esta energía inunda tu cuerpo, siente una profunda sensación de gratitud porque este centro de energía funciona de manera saludable. Abre los ojos lentamente cuando hayas terminado.

REFLEXIÓN SOBRE EL CHAKRA DE LA RAÍZ

Prepárate una taza de infusión, idealmente sin cafeína y ecológica, como rooibos o diente de león. Difunde los aceites esenciales del chakra de la raíz y toma tu diario y una varita lisa, ya sea de hematita o de cuarzo ahumado (o de ambos), que puedes sostener en una mano o dejar cerca. Puedes escribir en tu espacio sagrado o buscar un espacio al aire libre. La naturaleza puede resultar muy poderosa, dado que este ejercicio es para el chakra de la raíz.

Reflexiona sobre tus experiencias de visualización y activación del chakra de la raíz. Piensa en los escenarios y rasgos asociados con un chakra de la raíz desequilibrado o bloqueado que hemos identificado antes. Piensa si tienes alguna idea que pueda ayudarte a comprender lo que debes hacer para que este chakra esté equilibrado y gire libremente. A continuación de ofrezco algunas preguntas que debes formularte:

- ¿Te enfadas o te alteras fácilmente?
- ¿Cuán estables son los cimientos de tu vida?
- ¿Cuán seguro te sientes con respecto a tu vida familiar, laboral y económica?
- ¿Con qué facilidad afrontas los cambios repentinos?
- ¿Evitas el cambio, aunque pudiera ser positivo, porque le tienes miedo?
- ¿Sientes que te mereces las cosas que deseas en la vida?
- ¿Eres perseverante a la hora de esforzarte por alcanzar tus objetivos?
- ¿Te sientes apoyado a la hora de manifestar tus objetivos? ¿Quién te apoya: un espíritu, Dios, una fuerza divina o el universo?

AFIRMACIONES DEL CHAKRA DE LA RAÍZ

Exponer afirmaciones o recitar mantras te ayudará a conectar con los rasgos de un chakra de la raíz abierto, sano y fluido. Te ayudarán a conectar con tu fuerza interior y a tener fe en tu capacidad para resistir los altibajos de la vida. Puedes hacer este ejercicio diciéndote las afirmaciones a ti mismo o a tu reflejo en un espejo en un espacio que te parezca sagrado. Haz este ejercicio a diario, idealmente por la mañana y por la noche, a medida que avanzas en el proceso de apertura y equilibrio del chakra de la raíz. En los momentos de transición o de mayores dificultades, puedes hacerlo varias veces al día y también puedes repetir el mantra en silencio si no te sientes cómodo recitándolo en voz alta. A continuación, te muestro algunas afirmaciones que puedes recitar mentalmente o en voz alta:

- Estoy centrado y equilibrado.
- Desde esta sólida base interior, sé que puedo gestionar cualquier situación que se me presente.
- Confío en el proceso de la vida con todos sus picos y sus valles.
- Tengo el coraje y la fuerza para manifestar la vida de mis sueños.
- Sé que me merezco todo lo bueno.
- Me nutro a mí mismo, y la vida me nutre.
- Soy optimista y estoy centrado.
- Tengo fe en mí mismo y en mis capacidades.
- Confío en que el universo me guía divinamente todos los días.
- Confío en que tengo todo lo que necesito internamente para crear todo lo que deseo externamente.
- Soy un canal de paz y serenidad.
- Elijo la paz y la calma.

TRES

CHAKRA DEL SACRO

LA PASIÓN ES ENERGÍA. SIENTE
EL PODER QUE PROVIENE
DE CENTRARTE EN LO
QUE TE APASIONA

Oprah Winfrey

El del sacro es el segundo de los chakras y se encuentra en la parte inferior del abdomen, justo por debajo del ombligo y encima del hueso púbico. El nombre sánscrito del chakra del sacro es *Swadhisthana*, compuesto de dos palabras sánscritas: *swa*, que significa «propio de uno» y *adhisthana*, que significa «morada o lugar de residencia». Aparte de la zona anatómica, sacro también significa «santo» o «sagrado». Por lo tanto, es apropiado que este chakra albergue nuestras emociones, nuestras pasiones y nuestros placeres, aquellas cosas que nos sacian emocionalmente y nos aportan alegría, y que por eso son sagradas para nosotros.

Se considera que este chakra es el centro de la energía sexual y creativa de nuestro cuerpo y, por lo tanto, está vinculado a cuestiones de intimidad y relación, incluidas el sexo, la fertilidad y la reproducción. Cuando el chakra del sacro funciona de manera óptima, estamos contentos y desinhibidos en nuestras relaciones e iniciativas creativas, somos capaces de tener una intimidad profunda, y rezumamos una vitalidad alegre.

DESEQUILIBRIO EN EL CHAKRA DEL SACRO

Como este chakra tiene que ver con nuestra salud emocional, un desequilibrio puede interferir con el disfrute de la vida. Si las energías del chakra del sacro están estancadas o bloqueadas de alguna manera, nos veremos afectados tanto emocional como físicamente, lo que a su vez influirá sobre los aspectos creativos y sexuales de nuestra vida.

Con un chakra del sacro poco activo, es probable que suframos una libido baja, problemas relacionados con el sexo o la intimidad, problemas ginecológicos o de fertilidad, dificultades con las iniciativas creativas, falta de ideas creativas, problemas persistentes en las relaciones e insatisfacción emocional. Por el contrario, si el chakra del sacro es hiperactivo, puede manifestarse como emociones incontenibles, cambios de humor, altibajos excesivos, situaciones extremas en las relaciones, dependencia excesiva de los demás, celos y posesividad, y adicciones sexuales o de otro tipo.

Nuestro chakra del sacro puede verse afectado por el equipaje energético que llevamos desde nuestro chakra de la raíz, lo que puede impedir que nos sintamos seguros para experimentar alegría. Quizás esto se deba a nuestra infancia y a nuestra familia, o al condicionamiento comunitario o social en torno a la autoexpresión, el sexo y la sexualidad, o incluso sencillamente al disfrute general de la vida. Cuando afrontamos el día a día, circunstancias tales como problemas en las relaciones, experiencias sexuales pasadas y

CORRESPONDENCIAS

CHAKRA DEL SACRO

cómo gestionamos nuestro equilibrio entre el trabajo y la vida personal también pueden alterar el flujo de este chakra.

El chakra sacro gobierna los órganos sexuales, el hígado, las hormonas, la parte superior del intestino y el bazo. Cuando este chakra está desequilibrado, puedes experimentar síntomas como los siguientes:

- Disfunción sexual
- Libido baja
- Adicciones sexuales
- Adicciones a sustancias (drogas, alcohol, etc.)
- Dolor pélvico
- Problemas hormonales
- Problemas de fertilidad
- Problemas urinarios
- Ciática o dolor lumbar
- Culpa
- Desequilibrios emocionales
- Trastornos del estado de ánimo
- Falta de realización y alegría
- Monotonía
- Insatisfacción

CUANDO SE ABRE EL CHAKRA DEL SACRO

Cuando el chakra del sacro se abre y se alinea, es posible que a medida que la energía comienza a fluir por completo sientas un hormigueo cálido o una vibración en la parte inferior del abdomen. Esto puede provocar cambios en nuestro sistema digestivo, así como cambios hormonales y reproductivos. Puede despertarse tu libido y es posible que te sientas sexualmente más excitado. Pueden mejorar los problemas de fertilidad provocados por desequilibrios hormonales previos. Es posible que disfrutes más de las actividades cotidianas, como comer y beber, y te sientas más inclinado a participar en *hobbies* y otras actividades placenteras; también es posible que vivas un despertar creativo y te sientas inspirado.

Al principio, como ocurre con cualquiera de los chakras, también puedes experimentar una especie de crisis sanadora durante la integración y el alineamiento de las energías del chakra del sacro. Físicamente, puede manifestarse como dolor lumbar o pélvico, infecciones del tracto urinario o incluso un resurgimiento o un empeoramiento temporal de problemas hormonales o reproductivos. Es posible que incluso pases por una especie de purga emocional, pero esto es únicamente para que puedas restablecerte emocionalmente y volverte más equilibrado y alegre. Sé paciente contigo mismo mientras se lleva a cabo esta sanación, y ten presente que al final de este proceso te espera la alegría.

ARQUETIPO DIVINO: LA DIOSA EMPERATRIZ

La Diosa Emperatriz es el arquetipo del chakra del sacro. Disfruta de todos los aspectos físicos de la vida en la Tierra. Sabe que se merece experimentar placer y alegría, y por eso se siente apasionada y saciada por la vida. Está en contacto con su cuerpo y su sexualidad. Dulce y sensual, siente profundamente, pero está emocionalmente equilibrada y tiene un aire de elegante serenidad. Confía en que siempre hay más que suficiente, y como resultado de ello es generosa y dadivosa. Su energía y su apetito por la vida atraen a otros hacia ella.

Con el arquetipo de la Diosa Emperatriz se han asociado reinas y emperatrices famosas, incluida la emperatriz Wu Zetian de China y la reina de Saba, una poderosa gobernante de la antigua Etiopía que cautivó al rey Salomón con su belleza y su espíritu alegre y generoso.

Cuando infundimos las energías de la Diosa Emperatriz en nuestro chakra del sacro, recordamos que la alegría es nuestro derecho natural divino, y por lo tanto nos permitimos experimentar placeres de todo tipo. La alegría y la paz se convierten en nuestra base emocional, lo que no sólo nos hace carismáticos ante los demás, sino que también atrae la buena fortuna. Somos canales abiertos para la creatividad y disfrutamos del proceso de generar nuevas ideas. Adoptar a la Diosa Emperatriz nos ayuda a recordar que nos merecemos las cosas buenas de la vida, lo que a su vez nos magnetiza para atraerlas hacia nosotros.

PIEDRAS DEL CHAKRA DEL SACRO

Muchas de las piedras recomendadas para el chakra del sacro tienen energías vibrantes y revitalizantes, y tienen el color del chakra.

CALCITA NARANJA

La calcita naranja es profundamente purificadora y energizante. Esta gema ayuda a equilibrar las emociones y elimina el miedo que se pueda haber acumulado en el cuerpo energético. También se la conoce como la piedra de la creatividad.

CORNALINA

La cornalina, una piedra estabilizadora, ayuda a restaurar la vitalidad y puede aumentar el entusiasmo por la vida. A menudo se utiliza para la meditación y puede calmar emociones como la ira, los celos y la envidia. Al limpiar la mente de pensamientos innecesarios, esta piedra ayuda a aportar claridad y tranquilidad espiritual.

ESPINELA NARANJA

En el reiki, la espinela naranja es conocida por abrir y alinear el chakra del sacro. Sostener esta piedra o utilizarla durante la meditación puede ayudarnos a aprovechar nuestra intuición y estimular la creatividad. Muchos sanadores llaman a esta piedra la piedra de la fertilidad. Recomiendo utilizar sobre el cuerpo esta poderosa piedra sanadora en forma pulida.

ÓNIX

El ónix es una piedra negra excelente para absorber y transformar la negatividad. También nos ayuda a liberar bloqueos mentales, físicos y espirituales que pueden estar impidiendo que experimentemos alegría y creatividad. Las piedras de ónix pulidas son muy eficaces para rituales de sanación, meditación y equilibrio de chakras.

ACEITES ESENCIALES PARA EL CHAKRA DEL SACRO

Estos aceites esenciales tienen propiedades que ayudan en el funcionamiento saludable del chakra del sacro. Muchos son bastante dulces e inspiradores, lo que promueve la naturaleza vibrante del segundo chakra.

PALO SANTO

Extraído del árbol del palo santo, este aceite tiene un aroma floral, aunque algo amaderado. Es conocido por sus cualidades afrodisíacas y también puede ayudar a tranquilizar una mente estresada, facilitando así el restablecimiento del equilibrio emocional. Aplica unas gotas en las sienes y masajéalas suavemente para aportar más armonía y tranquilidad mental. También puedes utilizarlo con un aceite portador para automasaje, o aplicártelo con tu pareja, y ayudar así a estimular el chakra del sacro.

YLANG-YLANG

Este agradable aceite promueve una sensación de alegría y felicidad, ya sea difundido o utilizado en una mezcla para masaje o hidratación. Con su aroma dulce y romántico, el ylang-ylang es el aceite afrodisíaco más renombrado y también se puede utilizar como aceite perfumado.

SALVIA ESCLAREA

Uno de los mejores aceites esenciales para el sistema reproductivo femenino, la salvia esclarea trata problemas menstruales, como los calambres y la tensión premenstrual, y puede ayudar a regular el ciclo menstrual y las hormonas. La salvia esclarea se convirtió en uno de mis aceites esenciales imprescindibles después de que descubriera que masajear unas gotas directamente en la parte inferior del abdomen aliviaba el dolor de los calambres menstruales.

NARANJA

El aceite esencial de naranja es uno de los aceites más estimulantes. Difundirlo puede crear un ambiente alegre, lo cual es muy útil para activar la energía vibrante del chakra del sacro. El aroma nos permite pensar positivamente y sentirnos felices, y estimula la creatividad.

MEZCLA CREACIÓN ALEGRE

La mezcla de aceites personalizados del chakra del sacro está diseñada para ayudarte a conectar con tu pasión y la naturaleza creativa. Puedes utilizar esta mezcla de aceites cada día cuando realices el proceso de apertura y alineamiento de este centro de energía, o bien utilizarla sólo cuando necesites experimentar más rasgos de un chakra del sacro que funcione de forma saludable. Es mejor oler este aceite directamente o masajearlo suavemente en la parte inferior del abdomen y a ambos lados del cuello. ¡Es un gran afrodisíaco!

INGREDIENTES

2 cdas.   aceite de rosa mosqueta
5 gotas   aceite esencial de palo santo
3 gotas   aceite esencial de ylang-ylang

MATERIAL

Botella oscura de vidrio de 60 ml
Cuentagotas

CANTIDAD

Para elaborar 45 ml

1. Vierte el aceite de rosa mosqueta dentro de la botella oscura de vidrio.

2. Con un cuentagotas, añade todos los aceites esenciales. Tapa la botella y agita suavemente.

3. Masajea suavemente la parte inferior del abdomen, alrededor del chakra del sacro. Utilízalo también como aceite perfumado frotando suavemente las sienes, las muñecas y el cuello. (Sólo para uso externo).

VISUALIZACIÓN DEL CHAKRA DEL SACRO

Puedes hacer esta meditación en tu cama o en tu espacio sagrado. Prepárate purificando la energía con un ritual de sahumado, utilizando un ramillete de salvia blanca o una bastoncito de palo santo. Luego puedes difundir uno de los aceites esenciales recomendados para el chakra del sacro, tal vez incluso combinando dos de los aceites. Si tienes algunas de las piedras asociadas con el chakra del sacro, cógelas, ya que te serán útiles para la meditación. Enciende una lámpara de foco tenue o bien una vela para crear ambiente antes de tumbarte y ponerte cómodo.

1. Túmbate y cierra los ojos.
2. Respira profundamente por la nariz, espira por la boca y suspira. Deja que tus músculos y tu cuerpo se relajen. Repite esto tantas veces como sea necesario hasta que te sientas relajado y preparado para la meditación.
3. Con delicadeza, coloca las manos en la zona de debajo del ombligo, por encima del hueso pélvico. Sin dejar de inspirar y espirar profundamente, visualiza cómo tu respiración pasa a través de tus manos y entra en la parte inferior del abdomen cuando espiras.
4. Manteniendo los ojos cerrados, repítete a ti mismo (ya sea en silencio o en voz alta): «Reconozco y honro mi chakra del sacro, y por eso lo veo claramente».

5. Visualiza mentalmente una pirámide naranja en la parte inferior de tu vientre. Observa los elementos de la pirámide. Observa si tiene algún detalle, como si está girando o estática. Fíjate cómo percibes esta pirámide y qué ideas recibes sobre cualquier desequilibrio o bloqueo, y qué puedes necesitar hacer para llevar el chakra del sacro al equilibrio energético.

6. Una vez que hayas observado la pirámide y hayas obtenido suficiente información sobre el funcionamiento de tu chakra del sacro, tómate un momento para reconocer y dar las gracias a este punto de energía de tu cuerpo, y a continuación abre lentamente los ojos.

ACTIVACIÓN DEL CHAKRA DEL SACRO

Antes de comenzar este ejercicio de activación, dedica unos minutos a purificar tu espacio sagrado y también a ti mismo con un sahumerio, y a continuación difunde aceite esencial de naranja o cualquier otro aceite esencial para el chakra del sacro de tu elección. Masajea en la parte inferior del abdomen unas pocas gotas de la mezcla creación alegre (capítulo 3), de aceite de ylang-ylang o de aceite de palo santo.

1. Túmbate. Coge algunas piedras del chakra del sacro y ponlas entre tus manos y el abdomen.

2. Cierra los ojos y visualiza una luz naranja que se emite desde tus manos y penetra en tu abdomen con la respiración. Observa esta luz naranja moviéndose hacia tu cuerpo, llenando la parte inferior de tu abdomen.

3. Dirige tu mente a la pirámide naranja, que representa tu chakra del sacro. Observa la luz naranja fluyendo desde tus manos hacia tu abdomen para llenar la pirámide. A medida que se inunda con esta brillante luz naranja, la pirámide crece en tamaño e intensidad, y comienza a girar en el sentido de las agujas del reloj, ganando velocidad lentamente hasta que se mueve tan rápido que ahora aparece como una vívida luz naranja que gira en la parte inferior del abdomen e inunda de energía el resto de tu cuerpo. Ver esta vívida energía naranja impregnando tu cuerpo, te invita a sentir alegría y pasión por ti mismo, por los demás y por la vida.

REFLEXIÓN SOBRE EL CHAKRA DEL SACRO

Prepárate una taza de infusión, tal vez una infusión de piel de naranja, citronela y rosa mosqueta. Difunde uno o varios de los aceites esenciales del chakra del sacro y enciende una vela. Suavemente, masajea unas pocas gotas de la mezcla creación alegre (capítulo 3) o de aceite esencial de naranja en la parte inferior del abdomen, en las sienes y en las muñecas. Dispón cerca algunas de las piedras del chakra del sacro o sostenlas en una mano.

Mientras escribes su diario, reflexiona sobre tus experiencias con la visualización y la activación del chakra del sacro. Considera qué has aprendido de tu chakra del sacro y cómo puede hacerte sentir un chakra del sacro desequilibrado o bloqueado. Comprueba si estás experimentando algunos de estos síntomas. Ten en cuenta cualquier información que recibas sobre lo que puedes necesitar hacer para que este chakra esté abierto y equilibrado. A continuación, te muestro algunas preguntas que debes hacerte mientras reflexionas:

- ¿Te estás dando tiempo libre para hacer cosas divertidas?
- ¿Te estás regalando tratamientos para tu cuerpo, como un tratamiento facial, un masaje o una exfoliación?
- ¿Sientes que mereces disfrutar de la vida?
- ¿Eres capaz de ver y experimentar alegría y placer en las cosas pequeñas?
- ¿Te gusta tu cuerpo y te sientes cómodo y seguro con él?
- ¿Te sientes cómodo con tu sexualidad?

- ¿Te sientes sensual?
- ¿Te sientes exuberante? ¿Te parece la vida exuberante?
- ¿Estás involucrado en un drama negativo?

AFIRMACIONES DEL CHAKRA DEL SACRO

Las afirmaciones del chakra del sacro te ayudan a conectar con tu cuerpo y tu centro de placer, recordándote que mereces disfrutar de tu cuerpo en esta vida física. Recita los mantras dos veces al día, como ritual por la mañana y por la noche, mientras estás en el proceso de abrir y equilibrar el chakra del sacro. Antes de comenzar, frota en el cuello, las muñecas, las sienes y la parte inferior del abdomen un poco de mezcla creación alegre (capítulo 3) o de cualquiera de los otros aceites para el chakra del sacro. Para obtener un mayor beneficio de estas afirmaciones, es bueno mover el cuerpo mientras recitas las palabras. Lo ideal es realizar algún tipo de actividad yin, como yoga o danza, que realmente te haga sentir en tu cuerpo lo que estás diciendo. Puedes crear tus propios mantras o utilizar las sugerencias que a continuación te muestro. Como ocurre con todos los mantras, también puedes repetirlos en silencio.

- Soy un ser creado divinamente, que está aquí para disfrutar de todo lo divino que tiene la vida.
- Sé que merezco experimentar placer y disfruto de todo en la vida.
- Mi cuerpo es sagrado y lo aprecio.
- Es seguro para mí expresar y disfrutar mi sexualidad.

- Honro mis sentimientos y puedo superarlos de una manera saludable.
- Me doy tiempo para crear y jugar, sólo por el gusto de hacerlo.
- Honro mi cuerpo y lo disfruto.
- Mi sexualidad es sagrada.
- Siento placer todos los días.
- Me apasiona la vida.
- Soy juguetón.
- Soy alegre.
- Honro todas mis emociones.
- La creatividad fluye a través de mí.
- La alegría fluye a través de mí.
- La abundancia fluye a través de mí.

CUATRO

CHAKRA DEL PLEXO SOLAR

EL PODER PERSONAL ES
LA CAPACIDAD DE PASAR
A LA ACCIÓN

Tony Robbins

Como tercer chakra, el chakra del plexo solar es el último del trío de chakras inferiores. El nombre sánscrito del chakra del plexo solar es *Manipura,* que significa «gema brillante». Localizado en la mitad del torso, alrededor del ombligo, este centro de energía también se encuentra en la zona media de la espalda. En muchos sentidos, el plexo solar sirve como nuestro centro de energía personal en lo que se refiere a nuestra identidad y nuestro poder. Es el núcleo de quiénes somos como individuos y gobierna la autoestima, la fuerza de voluntad y la capacidad para lograr nuestros objetivos.

Cuando las energías del plexo solar fluyen y están equilibradas, tenemos un fuerte sentido de identidad que no puede verse sacudido. Esto se manifiesta como confianza en quiénes somos y qué queremos, así como como fe y coraje para conseguir nuestros sueños. La confianza innata en uno mismo y la capacidad de ser fieles a nosotros mismos también nos permiten transformarnos con las mareas de la vida.

CORRESPONDENCIAS

COLOR	ELEMENTO	SÍMBOLO	FORMA
Amarillo	Fuego		Globo

PLANETAS (Y ESTRELLA)		SIGNOS ASTROLÓGICOS	
Marte	El Sol	Leo	Aries

PIEDRAS	ARQUETIPO DIVINO
Pirita — Ágata amarilla Citrino — Ámbar	La Guerrera

ANIMAL	ACEITES ESENCIALES
León	Limón — Jengibre Pomelo — Menta

DESEQUILIBRIO EN EL CHAKRA DEL PLEXO SOLAR

Dado que el plexo solar gobierna la esencia misma de quiénes somos, si no funciona de manera sana, nuestra vida estará desequilibrada. Los signos de un plexo solar hiperactivo incluyen ser egoísta, controlador y estar hambriento de poder. En nuestra búsqueda de conseguir lo que queremos, podemos ser obsesivos y perfeccionistas, lo que nos lleva a la decepción y al agotamiento cuando nuestros deseos no se manifiestan. Demasiada energía fluyendo desde este chakra puede desembocar en hiperactividad y exudación de energía maníaca, para más adelante colapsar (¡algo parecido a cómo te sentirías después de consumir una bebida energética!).

En el caso de un plexo solar hipoactivo, podemos tener dificultades para ser auténticos, tener dudas y estar confundidos acerca de nuestra identidad. Todo esto conduce a baja autoestima e inseguridad. Es posible que tengamos dificultades para manifestar nuestros deseos y que, como consecuencia de ello, nos sintamos deprimidos. Podemos pensar que estamos a merced del destino y sentir que la vida simplemente nos pasa en lugar de vivirla nosotros.

El plexo solar rige las partes del cuerpo más cercanas a él: los órganos abdominales, el estómago, el hígado, la vesícula biliar, el bazo y el páncreas. Cuando el tercer chakra está desequilibrado, podemos experimentar síntomas físicos y emocionales como los siguientes:

- Hinchazón
- Problemas digestivos (síndrome del intestino irritable, estreñimiento, síndrome del intestino permeable)

- Náuseas
- Indigestión
- Fatiga o apatía
- Dificultad para concentrarse
- Inquietud
- Agitación
- Cálculos biliares
- Problemas hepáticos
- Trastornos pancreáticos, como diabetes

CUANDO SE ABRE EL CHAKRA DEL PLEXO SOLAR

Cuando se activa el plexo solar, experimentaremos una serie de cambios físicos y emocionales junto con sensaciones de calor y de hormigueo en la zona. Dada la proximidad del chakra al estómago, antes de que sane es probable que experimentemos algunos problemas digestivos, como náuseas, hinchazón, estreñimiento o diarrea.

A nivel emocional, es normal sentirse más sensible de lo habitual. Pueden volver a surgir viejas inseguridades y dudas sobre uno mismo. Es posible que nos enfademos fácilmente y sintamos celos y la necesidad de tenernos que controlar, resultado de un ego desenfrenado que asoma la cabeza. Es normal sentir ansiedad y alteraciones emocionales durante la apertura y el reequilibrio del plexo solar, pero al igual que ocurre con los síntomas físicos, suele ser un proceso de purga de corta duración. Además, podemos experimentar fluctuaciones en nuestra energía a medida que se alinea el plexo solar, pasando por altibajos de energía. Podemos sentirnos inquietos, lo que puede desembocar en dificultades para dormir, pero ten la seguridad de que cualquier problema de insomnio también suele ser temporal.

ARQUETIPO DIVINO: LA GUERRERA

La Guerrera es una mezcla sagrada de energías masculinas y femeninas. Este arquetipo divino para el chakra del plexo solar tiene un fuerte sentido de identidad, es animoso y enérgico, y tiene la voluntad y el poder para perseguir sus objetivos. Representa fuerza física y energía, liderazgo y coraje.

Hay muchas guerreras históricas veneradas en diferentes religiones y culturas, así como en el arte y la literatura, entre ellas, Freya, la diosa nórdica del amor y la guerra; Durga, la diosa y protectora hindú de múltiples extremidades, y Boudica, la reina de la tribu celta britana que lideró el levantamiento contra los romanos. Sus nombres, su cultura y su raza pueden diferir, pero comparten un sentido muy fuerte de sí mismas. Eran valientes y fuertes, y tenían la fuerza de voluntad y la resistencia para perseguir sus causas.

«Sé sincero contigo mismo», dijo Shakespeare, y la diosa guerrera nos lo recuerda. Cuando consideramos el papel esencial que desempeña el chakra del plexo solar para ser nosotros mismos y tener la creencia y la determinación para vivir nuestra mejor vida, los beneficios de adoptar los rasgos de la Guerrera son claros. Nos recuerda que ser quienes realmente somos no sólo es seguro, sino también esencial para nuestro bienestar. Cuando nos convertimos en guerreros, nos conectamos con nuestra fuente de poder, nos defendemos a nosotros mismos y a los demás, y nos convertimos en fuerzas poderosas para el bien en el mundo, beneficiando tanto a nuestra propia vida como al mundo en general.

PIEDRAS DEL CHAKRA DEL PLEXO SOLAR

Observarás que muchos de los cristales y metales preciosos que se relacionan con el tercer chakra tienen tonalidades amarillas que evocan la luz del Sol como una fuerza vital para este poderoso punto energético.

PIRITA

Históricamente confundida con el oro, la pirita a menudo se conoce como «oro de los tontos». La pirita varía en color desde un amarillo pálido hasta un dorado o un plateado brillantes. Esta piedra se utilizaba en la Antigüedad para hacer saltar una chispa y encender fuego. Por lo tanto, podemos utilizar la pirita para encender la chispa de nuestro verdadero yo. Tiene una energía masculina y es una piedra de acción, fuerza y voluntad. Como ocurre con la mayoría de las piedras, puedes conseguir pirita en bruto o pulida. Recomiendo una pirita en bruto bastante grande para tu escritorio o tu espacio de trabajo y algunas piedras de pirita rodadas más pequeñas para la meditación y los rituales.

CITRINO

Piedra hermosa y brillante de tonos amarillentos, el citrino mejora la energía y la resistencia, y representa abundancia y manifestación de todo tipo. Esta piedra funciona con el Sol y puede promover la confianza e incrementar la autoestima. Puedes colocar una punta de citrino pulida en tu altar o en tu escritorio, e idealmente debes colocarla en un espacio iluminado por el Sol para cargarla y luego emplearla en una meditación o un ritual.

ÁGATA AMARILLA

A menudo conocida como revitalizante, el ágata amarilla ayuda a fomentar la autoaceptación, a incrementar la autoestima y a promover la positividad. Utilizar algunas piedras pequeñas de ágata amarilla rodadas directamente sobre el chakra del plexo solar en sesiones de sanación o meditar con ellas puede fomentar un ritual de reconexión con tu verdadero yo, aportándote un empujón puntual.

ÁMBAR

Esta piedra brillante y alegre ayuda a despejar la mente y eliminar los miedos, todo lo cual ayuda a alinear las preciadas energías del plexo solar. Utilizar joyas con piedras de ámbar puede mantener alineado el tercer chakra, y utilizar una combinación de ámbar y oro es especialmente poderoso y una de mis formas favoritas de conectar con mi plexo solar.

ACEITES ESENCIALES PARA EL CHAKRA DEL PLEXO SOLAR

Todos los aceites esenciales recomendados para el plexo solar tienen un perfume refrescante y animado y energías vibrantes para promover el funcionamiento saludable de este centro energético.

LIMÓN

Este aceite cítrico estimulante y tonificante tiene una poderosa influencia energética sobre el tercer chakra. Difundir este aceite puede aportar una sensación de bienestar y optimismo. También puedes mezclarlo con un aceite portador y utilizarlo como hidratante corporal o aceite de masaje.

POMELO

El aceite de pomelo es otro aceite cítrico que puede ayudar a mover la energía estancada en un chakra del plexo solar poco activo. Las propiedades de este aceite ayudan a curar problemas digestivos, por lo que lo convierte en un potente aceite para masajes cuando se mezcla con un portador. Cuando se difunde, su perfume ligero y fragante también puede ayudar a reducir el estrés y a levantar el ánimo.

JENGIBRE

El aceite de jengibre tiene un aroma muy característico, cálido y especiado, y es maravilloso en vahos para ayudar a despertar el chakra del plexo solar. También se emplea tópicamente con un aceite portador para estimular el tercer chakra y ayudar a aliviar cualquier problema digestivo.

MENTA

La menta es un aceite vigorizante que ayuda a estimular la mente. Simplemente oler este aceite puede ayudar a aliviar el estrés y el agotamiento mental. Mezclarlo con un aceite portador y aplicar a diario unas gotas en las muñecas y las sienes es una manera de incrementar el ánimo y los niveles de energía.

MEZCLA ENERGÍA PERSONAL

El propósito de esta mezcla de aceites para el chakra del plexo solar es ayudarte a conectar contigo mismo y empoderarte para cumplir tus verdaderos deseos. Puedes utilizar este aceite con regularidad cuando estés pasando por el proceso de apertura y reequilibrio de tu plexo solar, y siempre que necesites un chute de energía y un recordatorio de tu verdadera y poderosa esencia.

INGREDIENTES

- **2 cdas.** aceite de almendras (o de cualquier otro aceite portador de tu elección)
- **3 gotas** gotas de aceite esencial de limón
- **3 gotas** gotas de aceite esencial de pomelo
- **2 gotas** gotas de aceite esencial de menta

MATERIAL

Botella oscura de vidrio de 60 ml
Cuentagotas

CANTIDAD

Para elaborar 45 ml

1. Vierte el aceite de almendras dentro de la botella oscura de vidrio.

2. Con un cuentagotas, añade todos los aceites esenciales. Tapa la botella y agita suavemente.

3. Cuando sea necesario, masajea el aceite en el abdomen, la zona media de la espalda, las sienes y las muñecas. (Sólo para uso externo).

VISUALIZACIÓN DEL CHAKRA DEL PLEXO SOLAR

Como el fuego es el elemento regente del plexo solar, es importante tener ese elemento presente durante el ejercicio de meditación de visualización. Si tienes una chimenea (ya sea real o artificial), quizás quieras realizar este ejercicio de visualización cerca de ella. También atraerás el elemento fuego cuando quemas salvia para purificar tu espacio sagrado y luego enciendes una vela. Difundir aceite esencial de limón ayudará a aprovechar la energía del plexo solar.

1. Túmbate y cierra los ojos.
2. Respira profundamente por la nariz, espira por la boca y suspira. Deja que tus músculos y tu cuerpo se relajen. Repite esto tantas veces como sea necesario hasta que te sientas relajado y preparado para la meditación.
3. Sin dejar de inspirar y espirar profundamente, visualiza cómo tu respiración entra y sale de la base de tu ombligo.
4. Manteniendo los ojos cerrados, repítete a ti mismo (ya sea en silencio o en voz alta): «Reconozco y honro mi verdadero yo, y por eso veo claramente mi plexo solar».
5. Visualiza mentalmente un globo amarillo en tu ombligo. Mira su tonalidad exacta y fíjate en el tamaño de este globo. Observa su forma. Toma nota de cualquier otro detalle, como, por ejemplo, si está girando o estático. Fíjate

cómo percibes este globo y qué ideas recibes sobre cualquier desequilibrio o bloqueo, y qué puedes necesitar hacer para llevar el chakra del plexo solar al equilibrio energético.

6. Una vez que hayas observado el globo y hayas obtenido suficiente información sobre el funcionamiento de tu chakra del plexo solar, tómate un momento para reconocer y dar las gracias a este punto de energía de tu cuerpo, y a continuación abre lentamente los ojos.

ACTIVACIÓN DEL CHAKRA DEL PLEXO SOLAR

Es importante incorporar el elemento fuego para facilitar la activación del plexo solar. También deberás asegurarte de tener las manos calientes, ya que necesitarás la energía del calor para ayudar en este ejercicio de activación. Enciende una vela aromática (naranja, limón o pomelo), ya que será mejor para la activación.

1. Comienza de pie, pero si es necesario puedes sentarte en una silla o tumbarte.

2. Mira la llama de la vela que has encendido y, con cuidado, coloca tus manos alrededor de la llama de la vela para calentarlas ligeramente.

3. Colócate en la posición en la que permanecerás durante la meditación de activación. Cierra los ojos, manteniendo en tu mente la llama de la vela.

4. Coloca las manos sobre el ombligo y el abdomen, e imagina que el flujo de energía se dirige a las manos, sin dejar de visualizar la llama de la vela. Imagina esa luz amarilla saliendo de tus manos y entrando en tu ombligo con cada respiración. Observa esta luz amarilla pasando de tu ombligo a tu vientre, donde gira casi como una bobina.

5. Vuelve a centrar tu mente en el globo amarillo, que representa tu chakra del plexo solar. Mira la luz amarilla en tu vientre como si estuviera llenando este globo. A medida que el globo va llenándose con esta luz amarilla, observa cómo se hace más grande y brillante, hasta que casi comienza a cobrar vida. Observa cómo el globo comienza a girar en el sentido de las agujas del reloj, ganando velocidad hasta que se mueve tan rápido que es una bobina giratoria de luz amarilla brillante que llena toda tu región central.

6. A medida que esta luz va impregnando tu cuerpo, siente la energía de la confianza y el poder inundando tu ser. Con cada respiración, siente esa sensación de propósito, poder y fuerza que emana de tu ombligo y se extiende por tu abdomen y todo tu cuerpo. Con cada respiración, siéntete orgulloso de quién eres y confía en tus capacidades. ¡Deja que cada respiración alimente tu fuego!

❀ REFLEXIÓN SOBRE EL CHAKRA DEL PLEXO SOLAR

Prepárate una infusión de jengibre con una rodaja de limón. Instálate en tu espacio sagrado o en otro espacio que te resulte cómodo. Difunde un aceite o una combinación de varios aceites para el chakra del plexo solar y enciende una vela. Masajea suavemente unas gotas de tu mezcla energía personal (capítulo 4) alrededor de tu ombligo en el sentido de las agujas del reloj. Dispón cerca algunas de las piedras del chakra del plexo solar o sostenlas en una mano. Pon una mano sobre tu ombligo e inspira y espira profundamente con los ojos cerrados. Respira profundamente tantas veces como sea necesario.

Abre los ojos y escribe un diario sobre tus experiencias de visualización y activación del chakra del plexo solar. Reflexiona sobre lo que has aprendido sobre tu chakra del plexo solar y cómo te puede hacer sentir un chakra del plexo solar desequilibrado o bloqueado. Fíjate si estás experimentando algunos de los síntomas o problemas comentados y cualquier información que recibas sobre lo que puedes necesitar hacer para que este chakra esté completamente abierto y equilibrado, y funcionando de manera óptima. Utiliza las siguientes preguntas para guiar tu reflexión:

- ¿Honras quién eres, especialmente con tus amigos y familiares?
- ¿Te valoras a ti mismo?
- ¿Confías en tus capacidades para conseguir tus deseos y vivir la vida de tus sueños?

- ¿Honras tu propio poder y lo utilizas de manera apropiada?
- ¿Ejerces tu elección personal y sabes que siempre eres libre de elegir en todas las situaciones?
- ¿Te respetas a ti mismo y tomas decisiones que reflejen ese respeto por ti mismo?
- ¿Te sientes cómodo con el concepto de poder personal y con utilizarlo siempre que sea necesario?

AFIRMACIONES DEL CHAKRA DEL PLEXO SOLAR

Como las afirmaciones del plexo solar tienen como objetivo ayudarte a conectar contigo mismo y confiar en tu poder personal, es mejor hacerlo delante de un espejo y mirándote a los ojos. Puedes repetirlo cada día, idealmente a primera hora de la mañana. Cuando estés pasando por el proceso de abrir tu plexo solar y equilibrarlo, puedes repetir estas afirmaciones cada vez que lo necesites. Como ocurre con todos los mantras, también puedes repetirlos en silencio y como parte de una práctica de meditación, aunque para conseguir el máximo beneficio es mejor decirlos en voz alta.

Masajea suavemente un poco de tu mezcla energía personal (capítulo 4) o unas gotas de aceite esencial de limón o de pomelo en el cuello, las muñecas, las sienes y alrededor del ombligo. Mantén una posición erguida con los pies firmemente apoyados en el suelo y la cabeza en alto. Mientras repites cada afirmación, visualiza una pequeña llama parpadeando alrededor de tu ombligo y haciéndose más fuerte y más grande con cada afirmación. Siente esta llama como tu esencia, tu verdadero yo, tu energía y confianza, haciéndose más fuerte con las palabras de cada afirmación.

- Sé quién soy y honro y acepto mi verdadero yo.
- Confío y me abro a los demás en lo que respecta a quién soy.
- Confío en quién soy y en mi capacidad para crear lo que deseo.
- Creo que soy digno de mis deseos.
- Tengo la fuerza y la energía para perseguir mis pasiones.
- Estoy orgulloso de mí mismo y de todo lo que he logrado.
- Estoy cómodo con mi poder personal y lo utilizo con sabiduría.

CINCO

CHAKRA DEL CORAZÓN

UN AMOR,
UN CORAZÓN,
UN DESTINO.

Bob Marley

Como cuarto de los principales centros de energía, el chakra del corazón se encuentra en el centro del pecho y entre los omóplatos en la espalda. El nombre sánscrito para el chakra del corazón es *Anahata*, que significa «ileso», «indemne» o «invicto» y hace un guiño a la naturaleza pura y amorosa del cuarto chakra.

En muchos sentidos, el chakra del corazón sirve como centro de energía para el amor y nuestra capacidad de darlo y recibirlo, así como de las cualidades de la compasión, la empatía y el perdón. También es el centro de conexión y facilita nuestra capacidad de estar conectados con todos los seres y objetos. Podemos ver la conexión entre nosotros y el resto de la vida en la Tierra. El cuarto centro energético está considerado el puente energético entre los reinos físico y espiritual, actuando como unificador entre los tres chakras inferiores, que se relacionan con nuestra individualidad humana, y los tres chakras superiores, que son de los sentidos espirituales y son los reinos de nuestra alma.

Cuando el chakra del corazón esté abierto y fluya bien, emitirás una energía amorosa y serás capaz de quererte a ti mismo y a los demás, y recibirás el amor que das. Te sentirás profundamente conectado y disfrutarás de intercambios armoniosos con los demás. Verás el bien en todo y en todos, y apreciarás la belleza en el más mínimo detalle. En ese sentido, como dirían los antiguos sabios, tendrás esa chispa de lo divino. Este centro de energía nos ayuda a darnos cuenta de la interconexión que nos hace uno en contraste con la polaridad de muchos de los otros aspectos de nuestra vida.

DESEQUILIBRIO EN EL CHAKRA DEL CORAZÓN

Como ocurre con todos los chakras, un desequilibrio en el chakra del corazón puede significar tanto que está hiperactivo como hipoactivo. En el caso de un chakra del corazón poco activo, el flujo de energía está bloqueado o estancado, y podemos descubrir que nuestro corazón está casi cerrado y que estamos emocionalmente cerrados o entumecidos. Es posible que tengamos dificultades para dar o recibir amor, o que nos resulte difícil perdonar a los demás o superar dolores del pasado. Es posible que nos aislemos, que nos falte empatía o compasión, y que nos sintamos desconectados de los demás. Podemos luchar contra la autoestima y ser excesivamente críticos con nosotros mismos y con los demás.

Con un chakra del corazón hiperactivo, puede haber demasiada energía fluyendo, lo que significa que conectamos demasiado

CORRESPONDENCIAS

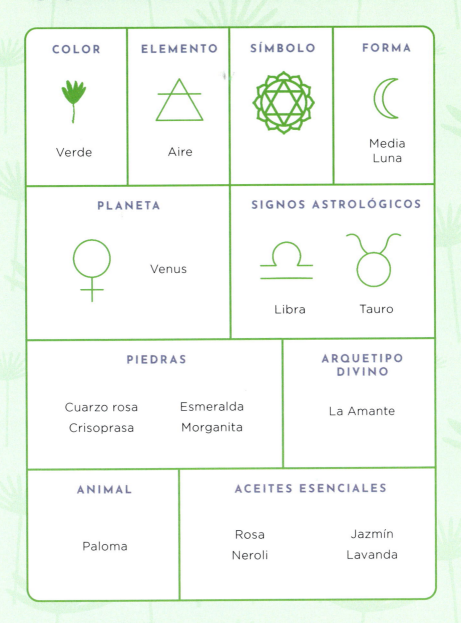

CHAKRA DEL CORAZÓN

con los demás, lo que conduce a juicios erróneos, a dar demasiado o a la codependencia en las relaciones. Podemos parecer cariñosos ante los demás, pero la motivación proviene de no sentirnos completos dentro de nosotros mismos. Podemos descuidar nuestras propias emociones y no querernos a nosotros mismos, carecer de límites con los demás y decir que sí incluso cuando resulte perjudicial para nosotros. Esto puede provocar todo tipo de desequilibrios en nuestra vida y puede tener un impacto negativo sobre nuestro bienestar general. Otros síntomas de un chakra del corazón hiperactivo pueden ser el miedo al abandono, los celos, la posesividad y la dependencia emocional.

El chakra del corazón rige los órganos y las partes del cuerpo que se encuentran más cercanos a él: el corazón, los pulmones, el sistema respiratorio en general, el timo y la parte superior de la espalda. Cuando el cuarto centro energético se encuentra de algún modo desequilibrado, podemos experimentar multitud de síntomas físicos, como los siguientes:

- Dolor en el pecho y enfermedades cardíacas
- Problemas respiratorios, incluido el asma
- Inquietud, incluidas palpitaciones
- Dificultad para respirar
- Ataques de pánico
- Depresión
- Insomnio
- Falta de energía
- Deficiencias del sistema inmunitario
- Dolor en el hombro y la parte superior de la espalda

CUANDO SE ABRE EL CHAKRA DEL CORAZÓN

Dado que el chakra del corazón gobierna nuestra energía emocional, cuando se abre es posible que experimentes una oleada de emociones, algunas que pueden haber permanecido enterradas y otras que quizás pensabas que ya te habías ocupado de ellas. Pueden hacerte sentir una profunda sensación de pérdida. Es posible que necesites procesar las emociones, en especial aquellas que habías escondido debajo de la alfombra (en el caso de un chakra del corazón bloqueado o inactivo), o puede que de repente sufras una resaca emocional, agotado y abrumado por las emociones de un chakra del corazón hiperactivo.

Cuando tu chakra del corazón se abre, es probable que esta ola de emoción afecte también a tu cuerpo físico. Es posible que sientas dolor en el corazón o en el pecho, dificultades para respirar o incluso palpitaciones cuando te permites sentir una vez más. Es posible que experimentes insomnio cuando navegas por esta montaña rusa de emociones, lo que puede mermar temporalmente tu sistema inmunitario y hacerlo propenso a enfermar.

Como siempre, estos síntomas pasarán, pero será necesario procesar las emociones. Debes ser amable contigo mismo y darte el espacio y las herramientas para procesarlas, lo que a su vez ayudará a aliviar cualquier malestar físico.

ARQUETIPO DIVINO: LA AMANTE

La Amante personifica el chakra del corazón. Su modo de funcionar es amar, conectar y vivir desde un lugar centrado en el corazón. Si bien muchas personas piensan que la Amante tiene que ver con el sexo, la sensualidad y la intimidad, en realidad la Amante es mucho más. Preside todo el amor: romántico, familiar, platónico y divino. Busca la unidad y la conexión entre todos los seres, reflejando la unidad del chakra del corazón.

La Amante busca difundir el amor y la conexión. Infunde amor en cada aspecto de su vida y es dedicada, comprometida y fiel. Las relaciones son su objetivo principal y no tiene miedo de expresar sus emociones, ya que las considera una parte esencial de una vida centrada en el corazón. Sensual y bohemia, está enamorada del amor y enamorada de la vida. La Amante es un brillante ejemplo de cómo vivir con un chakra del corazón abierto y fluido, viendo la belleza en todos y en todo, y experimentando el amor en todas las formas y lugares.

En la historia, los griegos la conocían como Afrodita y los romanos como Venus. Es venerada en el cine, el arte y la literatura como una especie de seductora, pero su personalidad va mucho más allá del sexo y la intimidad. La Amante, al igual que Venus, concentra gran parte de su energía en crear una vida hermosa, una que ella pueda querer. Entusiasta de la estética, la belleza, la naturaleza y el arte, la Amante se toma su tiempo para sentirse bella por dentro y por fuera (una poderosa forma de autocuidado) y crea hermosos ambientes donde quiera que vaya.

Cada uno de nosotros puede recurrir a la Amante como modelo a seguir sobre cómo vivir desde nuestro chakra del corazón. Adoptando sus rasgos amorosos, podemos aprender a querernos a nosotros mismos y a los demás, y vivir desde un lugar verdaderamente centrado en el corazón, donde vemos la belleza y experimentamos una alegría estimulante en la vida cotidiana y podemos disfrutar de mejores relaciones de todo tipo.

PIEDRAS DEL CHAKRA DEL CORAZÓN

Si bien algunas de las piedras conectadas al chakra del corazón son rosadas, el color que tradicionalmente se asocia más con el chakra del corazón y el amor es el verde.

CUARZO ROSA

El cuarzo rosa es la piedra más popular y conocida para sanar el chakra del corazón calmando el dolor interno y transmutando el condicionamiento emocional. Fomenta el amor propio y el perdón a uno mismo, y promueve el amor y la belleza de todo tipo. Poner esta piedra junto a tu cama es bueno cuando estás pasando por un momento de procesamiento y sanación emocional. El cuarzo rosa también puede ayudar a atraer el amor romántico a quienes lo buscan. Durante varios años, mientras estaba haciendo el trabajo de llamar a mi alma gemela, solía llevar conmigo algunos fragmentos de cuarzo rosa pulido.

MORGANITA

Una de mis piedras favoritas, la morganita tiene tonalidades rosadas similares al cuarzo rosa. Otra sanadora del chakra del corazón, la morganita ayuda a eliminar el dolor emocional y abre el corazón para dar y recibir amor. Es una piedra muy popular como facilitadora de cambios en el amor romántico, y llevar como joya esta hermosa piedra que estimula el corazón puede ayudar a curar viejas heridas y atraer el amor romántico.

CRISOPRASA

La crisoprasa, una piedra verde alegre y estimulante, es maravillosa para la meditación, ya que nos ayuda con percepciones personales, recordándonos nuestra conexión divina y facilitando nuestra conexión con todos los seres. Esta piedra también es excelente para sanar la ansiedad y los traumas emocionales profundos, y para ayudarnos a perdonarnos a nosotros mismos y a los demás por acontecimientos pasados. Sostener entre las manos una crisoprasa pulida durante la meditación o tenerla en el altar o junto a la cama mientras se abre y equilibra el chakra del corazón ayudará con este proceso.

ESMERALDA

Conocida como la piedra del amor exitoso, la esmeralda promueve la unidad, el amor incondicional, la lealtad y la colaboración. Esta piedra ayuda a armonizar relaciones de todo tipo, pero es especialmente poderosa a la hora de promover la felicidad doméstica. Si bien la esmeralda tiene un efecto tranquilizante sobre las emociones, también actúa como vigorizante de la mente. Es una piedra maravillosa para usar como joya, como una hermosa manera de facilitar la apertura del chakra del corazón. Ten cuidado, sin embargo, con la sobreestimulación; llevar o utilizar esmeralda constantemente es innecesario y nada recomendable.

ACEITES ESENCIALES PARA EL CHAKRA DEL CORAZÓN

Tal vez no resulte sorprendente que los aceites esenciales recomendados para el chakra del corazón sean dulces y femeninos, lo que nos ayuda a aprovechar la energía divina femenina de este poderoso chakra.

ROSA

Suave y dulce, la rosa evoca sentimientos de amor, por lo que no sorprende que sea uno de los aromas más poderosos para trabajar el chakra del corazón. Simplemente oler el aroma del aceite de rosas puede ayudar a calmar el corazón y la mente. También puedes difundirlo para ayudar a impregnar tu espacio con energía amorosa y calmante. Personalmente, me gusta aplicar un poco de este aceite sobre el pecho y el cuello para conectar realmente con el centro del corazón. También es un maravilloso aceite para mezclar con un aceite portador y utilizar en masajes.

JAZMÍN

Otro aceite esencial dulce y sensual es el de jazmín, conocido por sus propiedades afrodisíacas, pero también fantástico para calmar nuestras emociones y aliviar la ira y el estrés que pueden estar asociados con el hecho de albergar viejas heridas. Difundir este aceite en cualquier espacio crea automáticamente un ambiente tranquilizador y sensual. Recomiendo encarecidamente utilizar este aceite en una habitación o como espray personal.

LAVANDA

Aceite esencial versátil, la lavanda se puede utilizar para todos los chakras. Es particularmente potente para sanar el estrés emocional que se puede sentir a través del chakra del corazón y liberar sentimientos de duda. Es muy tranquilizador y relajante, y es maravilloso mezclarlo con un aceite portador para masajes, difundirlo o inhalarlo directamente. Un poco de aceite esencial de lavanda en el pecho y las sienes puede ayudar en los rituales y las meditaciones del chakra del corazón.

NEROLI

El aceite esencial de neroli se obtiene de las flores de un naranjo y tiene un característico aroma floral, cítrico y exótico. Popular como mezcla de aceites para masajes, el aceite de neroli tiene un matiz sensual que ayuda a promover la conexión física, pero también tiene un efecto calmante. Difunde aceite de neroli o inhálalo directamente para ayudar a abrir el chakra del corazón y fomentar la confianza y promover una sensación de seguridad, lo que permitirá que penetre el amor.

MEZCLA COMPASIÓN Y CONEXIÓN

Utiliza esta mezcla de aceites siempre que estés pasando por el proceso de apertura y reequilibrio de tu chakra del corazón. Esta mezcla te ayudará a sanar y abrir el centro de tu corazón, y a practicar la compasión, permitiéndote conectar más fácilmente contigo mismo y con los demás.

INGREDIENTES

2 cdas.	aceite de jojoba (o de cualquier otro aceite portador de tu elección)
3 gotas	aceite esencial de rosa
2 gotas	aceite esencial de jazmín
2 gotas	aceite esencial de lavanda
1 gota	aceite esencial de neroli

MATERIAL

Botella oscura de vidrio de 60 ml
Cuentagotas

CANTIDAD

Para elaborar 45 ml

1. Vierte el aceite de jojoba (mi favorito para el chakra del corazón) dentro de la botella oscura de vidrio.

2. Con un cuentagotas, añade todos los aceites esenciales. Tapa la botella y agita suavemente.

3. Masajea el aceite siempre que sea necesario en el pecho, la zona media de la espalda, las sienes o las muñecas. (Sólo para uso externo).

VISUALIZACIÓN DEL CHAKRA DEL CORAZÓN

Puedes prepararte para tu meditación de visualización con un tierno y amoroso trabajo de autocuidado. Toma un baño o una ducha purificadores, tal vez empleando productos con aroma a rosas o lavanda. (Mi baño favorito es añadir pétalos de rosa al baño y utilizar sales de baño con aroma a rosas). Después del baño, aplica la mezcla compasión y conexión (capítulo 5) o aceite de rosas directamente sobre el pecho. También puedes añadirlo a tu crema hidratante y aplicarlo en todo el cuerpo. Sahúma tu espacio sagrado utilizando un ramillete de salvia blanca o palo santo para purificar la energía. Difunde uno o varios de los aceites esenciales del chakra del corazón o enciende una varita de incienso de rosas y sostén en tu mano una piedra para el chakra del corazón.

1. Túmbate y cierra los ojos.
2. Respira profundamente por la nariz, espira por la boca y suspira. Deja que tus músculos y tu cuerpo se relajen. Repite esto tantas veces como sea necesario hasta que te sientas relajado y preparado para la meditación.
3. Sin dejar de inspirar y espirar profundamente, pon una mano sobre tu pecho y visualiza tu respiración entrando y saliendo del centro de tu corazón.
4. Manteniendo los ojos cerrados, repítete a ti mismo (ya sea en silencio o en voz alta): «Sé que el amor es la esencia de quién soy y el propósito de mi existencia, y por eso veo mi chakra del corazón».

5. Ahora visualiza una Luna creciente verde en tu pecho. Fíjate en el tono exacto y en el tamaño de esta Luna creciente. Observa su tamaño y cualquier otro detalle notable, como si está girando o estática. Fíjate cómo percibes esta Luna creciente y qué ideas recibes sobre cualquier desequilibrio o bloqueo, y qué puedes necesitar hacer para llevar el chakra del corazón al equilibrio energético.
6. Una vez que hayas observado la Luna creciente y hayas obtenido suficiente información sobre el funcionamiento del chakra del corazón, tómate un momento para reconocer y dar las gracias a este punto de energía de tu cuerpo, y a continuación abre lentamente los ojos.

ACTIVACIÓN DEL CHAKRA DEL CORAZÓN

Dada la naturaleza y la función del chakra del corazón, sería razonable prepararse para la activación con un poco de autocuidado. Ya sea disfrutando de un tratamiento facial, de un tratamiento corporal o de un simple y relajante baño de burbujas, ofrécete un cuidado tierno y cariñoso para facilitar la apertura y la alineación de tu centro del corazón. Como siempre, despeja tu espacio sagrado para establecer el tono más tranquilo y facilitar así esta activación del chakra del corazón. Realiza una ceremonia de quema de salvia y luego difunde una combinación de aceites para el chakra del corazón, para crear un ambiente de relajación y conexión. Vestir el color verde, especialmente en la parte de arriba, también puede ayudar a activar el chakra del corazón.

Es mejor realizar esta activación tumbado o sentado. Cuando te encuentres en una posición cómoda, cierra los ojos y tómate unos momentos para relajarte, centrándote en respirar lenta y profundamente, y relajando los músculos de tu cuerpo para que te sientas ligero y maleable.

1. Coloca una mano sobre el centro de tu corazón y la otra sobre el vientre. Comienza a respirar con el vientre; envía ese aliento hacia el centro de tu corazón y siente cómo se expande y se eleva. Cuando espires, siente como tu pecho se hunde a medida que el aire abandona tu cuerpo y contraes el vientre.
2. Repítelo varias veces con respiraciones lentas y profundas, y comienza a visualizar una luz verde llenando tu pecho con tu respiración cuando inspiras y espiras.
3. Visualiza mentalmente una Luna creciente verde en tu pecho, que representa tu chakra del corazón. Observa cómo la luz verde llena esta Luna creciente, que comienza a crecer en tamaño e intensidad con cada respiración. Observa cómo la Luna crece tanto que acaba ocupando todo tu pecho y entonces comienza a girar lentamente, ganando velocidad hasta que ya no puedes ver la Luna y acaba siendo simplemente un torbellino de luz verde y brillante que inunda tu pecho y el resto de tu cuerpo.
4. Mientras esta luz verde infunde tu cuerpo, lleva ambas manos a tu pecho y siente cómo tu pecho se expande y se relaja. Visualiza la energía que fluye desde esta Luna verde y tu chakra del corazón por todo tu cuerpo. Puedes visualizarlo como una luz verde que impregna todo tu ser físico.

5. Cuando notes que esta energía inunda tu cuerpo, siente amor y compasión por ti mismo, y siente que esa sensación de amor llena de alegría todo tu ser físico. Abre los ojos lentamente cuando hayas terminado.

REFLEXIÓN SOBRE EL CHAKRA DEL CORAZÓN

Prepárate una taza de infusión de manzanilla, de rosa o de lavanda (una combinación de rosa y manzanilla queda deliciosa). A continuación, difunde algunos aceites esenciales para el chakra del corazón o enciende una vela o un palito de incienso con aroma a rosas o jazmín. Sostén unos minutos los cristales de tu chakra del corazón con una mano mientras te bebes tu infusión, conectando con la energía de estas piedras preciosas. Aplica unas gotas de tu mezcla compasión y conexión (capítulo 5) o de aceite esencial de jazmín en el cuello, las muñecas y las sienes. Masajea suavemente una o dos gotas en tu pecho. Con los ojos cerrados, inspira y espira profundamente unas cuantas veces desde el centro de tu corazón.

Abre lentamente los ojos y anota tu experiencia de visualización y activación del chakra del corazón. Reflexiona sobre lo que has aprendido sobre tu chakra del corazón y los síntomas de hipoactividad o hiperactividad. Ten en cuenta si has sentido alguno de estos síntomas o problemas, así como cualquier otra idea que puedas tener sobre lo que necesitas para que tu centro del corazón esté completamente abierto y fluya de manera saludable. Básate en las siguientes preguntas para guiarte:

- ¿Te quieres a ti mismo y a los demás?
- ¿Puedes perdonarte a ti mismo y a los demás?
- ¿Amas la vida?
- ¿Te sientes en paz?
- ¿Crees que todos estamos conectados?
- ¿Puedes ver la conexión entre tú y los demás?
- ¿Cómo experimentas alegría en tu vida y qué te gustaría hacer para cultivar más alegría?

AFIRMACIONES DEL CHAKRA DEL CORAZÓN

Para abrir y alinear el chakra del corazón, las afirmaciones del chakra del corazón deben repetirse varias veces al día. Dado que la autoestima es la base a partir de la cual alcanzamos hitos en nuestra vida, es útil repetir estas afirmaciones con cierta regularidad para recordarte tu verdadera esencia y permitirte honrarte a ti mismo y conectar mejor con los demás. Como ocurre con todas las afirmaciones, también puedes repetirlas en silencio y como parte de una práctica de meditación, aunque para conseguir el máximo beneficio, es mejor repetirlas en voz alta durante al menos parte de tu ritual.

Para comenzar, masajea el pecho con un poco de tu mezcla compasión y conexión (capítulo 5) o un aceite esencial de rosas. Quédate de pie o sentado en una posición erguida con los pies firmemente apoyados en el suelo y la cabeza en alto. A medida que vas repitiendo cada afirmación, visualiza una luz verde entrando en el centro de tu corazón que se vuelve más brillante e intensa con cada afirmación. Siente esta luz como la esencia pura y amorosa de tu verdadero yo. Con cada afirmación, siente una sensación de amor, paz y alegría que inunda el centro de tu corazón y todo tu cuerpo.

- Sé que en verdad todos estamos conectados y el amor es nuestra verdadera esencia.
- Opero desde una base de amor.
- Siento amor y compasión por mí mismo y por los demás.
- Estoy en paz conmigo mismo y con los demás.
- Encuentro alegría y conexión en la vida cotidiana.
- Amo plena y libremente.
- El amor fluye hacia mí y a través de mí en todo momento.
- Irradio amor y me lo devuelven exponencialmente.
- El universo me rodea de amor.
- Veo y experimento la belleza donde quiera que vaya.

SEIS

CHAKRA DE LA GARGANTA

> LAS PALABRAS TIENEN EL PODER TANTO DE DESTRUIR COMO DE SANAR. CUANDO LAS PALABRAS SON SINCERAS Y AMABLES, PUEDEN CAMBIAR EL MUNDO
>
> *Buda*

Como quinto chakra, el chakra de la garganta también es el primero de los chakras superiores (que comprenden los chakras de la garganta, del tercer ojo y de la coronilla), considerados los centros de energía espiritual y metafísica. El chakra de la garganta sirve como entrada a los reinos espirituales superiores. Los místicos antiguos a menudo se referían a este chakra, cuando estaba sano, como la «boca de Dios», por la idea de que podemos oír y hablar con sabiduría divina y dar voz a nuestra alma. Como su nombre indica, se encuentra en la garganta, pero se asocia con la boca, la lengua, el cuello, las orejas y las glándulas tiroides y paratiroides. El nombre sánscrito del chakra de la garganta es *Vishuddha*, que se traduce vagamente como «pureza». La palabra *shuddhi*

CORRESPONDENCIAS

COLOR	ELEMENTO	SÍMBOLO	FORMA
Azul turquesa	Éter		Pirámide invertida

PLANETA	SIGNOS ASTROLÓGICOS
Mercurio	Géminis — Virgo

PIEDRAS	ARQUETIPO DIVINO
Lapislázuli, Ágata azul, Aguamarina, Turquesa	La Comunicadora

ANIMAL	ACEITES ESENCIALES
Elefante	Eucalipto, Clavo, Árbol del té, Menta

significa «puro» en sánscrito y *vi* es un prefijo que colocado delante de *shuddhi* intensifica la palabra, por lo que literalmente significa «especialmente puro».

El chakra de la garganta es el centro de energía para el habla y la comunicación, y está directamente relacionado con nuestra integridad y nuestra moral. Como este punto energético también rige los oídos, nos permite escuchar la voz interior de nuestra intuición. Cuando este centro de energía está abierto y equilibrado, también tenemos capacidad para la expresión creativa.

DESEQUILIBRIO EN EL CHAKRA DE LA GARGANTA

Un chakra de la garganta desequilibrado puede provocar muchos problemas físicos, emocionales y espirituales, dependiendo de si el chakra tiene un rendimiento excesivo o insuficiente. En el caso de un chakra de la garganta hiperactivo, es posible que seas demasiado crítico o moralista con los demás, y puedes expresarlo mediante chismorreos. Puede que hables sin parar y seas extremadamente escandaloso o estridente; incluso puedes llegar a gritar. Tu modo de comunicación puede ser dominante, lo que te llevará a interrumpir a los demás y a dominar las conversaciones. Al mismo tiempo, la cháchara incesante y el volumen con el que te expresas te impiden oír tu voz interior, por lo que vives desincronizado con tu verdad. Para compensarlo, es posible que te encuentres analizándolo e intelectualizándolo todo demasiado para evitar la vulnerabilidad de tener que enfrentarte a tus emociones y comprender tus verdaderos sentimientos.

Con un chakra de la garganta poco activo, es probable que reprimas tus sentimientos y que tengas miedo de decir la verdad. Es posible que seas tímido y tengas dificultades con las palabras o incluso que tartamudees. Te tragas tus palabras, la mayoría de las veces a costa de ser auténtico y comprometer tu integridad. Esto puede manifestarse como introversión, timidez, inseguridad y hablar demasiado bajo o con timidez. También puedes tener dificultades para ser dueño de tu creatividad y sentir un bloqueo artístico que suprime tus ideas y tus conocimientos.

Los signos de desequilibrio del chakra de la garganta se pueden sentir física y emocionalmente, y pueden incluir los siguientes síntomas:

- Defectos en el habla, incluidos el tartamudeo y el ceceo
- Faringitis o laringitis
- Dolor en la mandíbula o en la boca
- Infecciones de garganta
- Llagas en la boca
- Problemas de audición
- Infecciones de oído
- Dolor de cuello
- Trastornos de la tiroides
- Desequilibrios hormonales

CUANDO SE ABRE EL CHAKRA DE LA GARGANTA

Como el chakra de la garganta gobierna esencialmente nuestra voz, es probable que cuando se abre las palabras fluyan sin esfuerzo y no puedas evitar decir lo que piensas. Es posible que de repente seas incapaz de dejar de hablar o de cantar, mientras que en el pasado te mordías la lengua. Los repentinos arrebatos creativos y la necesidad de comunicarte y de expresarte a través de cualquier forma de tu «voz» –cantar, hablar, escribir, etc.– son señales seguras de que tu chakra de la garganta se está abriendo. A medida que progresas en el proceso de equilibrar este chakra, es posible que pierdas la voz o tengas problemas en la garganta o en el cuello, lo que temporalmente te dificulta hablar.

Dado que este chakra también rige nuestra voz interior y nuestros oídos, prepárate para oír mucho más fuerte tu conciencia. Tener un diario cerca puede ser útil durante el proceso de apertura y alineamiento de tu chakra de la garganta, porque puedes tener muchas ideas intuitivas y creativas. Al igual que ocurre con la apertura de cualquiera de los otros chakras, es normal que experimentes cierta turbulencia emocional.

En el caso de un chakra de la garganta poco activo, puedes experimentar la liberación de emociones reprimidas cuando empiezas a decir tu verdad y a expresar tus verdaderos sentimientos. Durante mi propio proceso de alinear este chakra, me encontré gritando, rugiendo y vociferando todas aquellas cosas que había estado reprimiendo durante tantos años, y después llorando tan fuerte que pensaba que se me acabarían las lágrimas. No se me acabaron las lágrimas, pero sí dejé de llorar. Si bien esto me resultó emocionalmente agotador, también fue enormemente catártico, y en cuestión de días no sólo me sentía mejor, sino que también podía escuchar mi intuición mucho más claramente y tuve muchas ideas creativas. ¡Me llevó al nacimiento de muchos proyectos y no podía dejar de escribir un diario! El dolor tenía un propósito.

Cuando equilibras un chakra de la garganta hiperactivo, es posible que te sientas culpable y avergonzado por interacciones anteriores y que experimentes dolor emocional al procesar tus sentimientos. Como siempre, cualquier crisis de sanación es temporal y es una parte necesaria para restablecer tu mente, tu cuerpo y tu alma.

ARQUETIPO DIVINO: LA COMUNICADORA

La Comunicadora personifica las octavas más altas del chakra de la garganta. Clara y concisa, sabe escuchar tanto como conversar. Decir su verdad es algo natural y su voz suena en los demás como sincera. Sabe cuándo quedarse callada y cuándo hablar. Es creativa y expresiva, y es un modelo inspirador para los demás, a los que ayuda a conectar con su propia verdad divina. Vive de manera íntegra y es perspicaz y de mentalidad abierta, está informada y es informante. La Comunicadora muestra las emociones en lugar de reprimirlas, sabiendo que hay una manera de procesar las emociones a través de una expresión saludable.

A lo largo de la historia, y en la mitología, el arte y la literatura, se ha solido atribuir el arquetipo de la Comunicadora a una figura masculina, como Hermes en la mitología griega o Mercurio en la mitología romana. Como ocurre con cada uno de los arquetipos, la Comunicadora puede ser hombre o mujer, así que, para nuestros propósitos, pensemos en un modelo a seguir (ya sea del pasado o del presente, una persona real o un personaje ficticio) que encarne los rasgos descritos anteriormente. Al adoptar las cualidades de la Comunicadora, podemos aprender a decir nuestra verdad, a expresarnos, a hablar cuando sea necesario, a permanecer en silencio cuando sea apropiado y a utilizar nuestras voces como una fuerza para hacer el bien.

PIEDRAS DEL CHAKRA DE LA GARGANTA

Verás que muchas de las piedras conectadas con el chakra de la garganta son azules y similares al color que rige el chakra de la garganta, lo que las hace potentes para activar y equilibrar este centro de energía.

AGUAMARINA

Esta piedra de color azul marino tiene energías extremadamente tranquilizadoras y facilita el tipo de energía relajante que recibimos cuando pasamos tiempo junto al mar o cerca de él. La aguamarina es una de las piedras más poderosas para abrir y alinear el chakra de la garganta. Me gusta meditar tumbada con una pequeña piedra de aguamarina pulida suavemente colocada en mi garganta para que me ayude a hablar con claridad y confianza.

TURQUESA

Apreciada por sus cualidades protectoras, la turquesa es una piedra sanadora que promueve la conexión espiritual y, en muchos sentidos, allana el camino para que el alma se exprese una vez más. Cuando pasas por el proceso de apertura y alineación del chakra de la garganta, es de gran ayuda utilizar una joya con una turquesa, idealmente un collar, ya que estará cerca de la garganta.

ÁGATA AZUL

Esta hermosa piedra es otra poderosa herramienta sanadora y equilibradora del chakra de la garganta. Alivia algunos de los síntomas físicos asociados con un quinto chakra estancado por culpa de la represión de nuestros pensamientos y sentimientos. El ágata azul también facilita que expresemos verdades espirituales y personales. Me gusta tener una piedra de ágata azul en bruto en mi escritorio en mi espacio sagrado donde escribo mi diario, ya que me ayuda a conectar con mi verdad interior y expresarla plenamente con palabras.

LAPISLÁZULI

Considerada en el antiguo Egipto una piedra real que se creía que contenía el alma de los dioses, el lapislázuli enfatiza el poder de la palabra hablada y aporta armonía entre la mente, las emociones, el cuerpo y el espíritu. Es una piedra de vibración excepcionalmente alta, que estimula la mente superior y promueve la creatividad. Una esfera de lapislázuli pulido de tamaño mediano, que puedes sostener o colocar cerca, supone una maravillosa ayuda para la meditación.

ACEITES ESENCIALES PARA EL CHAKRA DE LA GARGANTA

Todos los aceites esenciales recomendados para el chakra de la garganta tienen un aroma muy potente y cualidades descongestionantes, las cuales purifican las partes físicas del cuerpo regidas por este chakra, ayudando a que este centro energético funcione plenamente.

EUCALIPTO

Refrescante para la mente, el aceite esencial de eucalipto tiene un aroma brillante, limpio y estimulante. Ayuda a despejar las vías respiratorias y energéticamente promueve una mente y una comunicación claras. Para aliviar los síntomas físicos de desequilibrio, como congestión nasal o faringitis, durante el proceso de alineación y apertura del chakra de la garganta se puede utilizar eucalipto inhalado directamente o infundido.

CLAVO

Originario del sudeste asiático y fiel a sus raíces, el aceite esencial de clavo tiene un aroma bastante fuerte y especiado. Tiene cualidades antimicrobianas y analgésicas, y a menudo se utiliza para tratar afecciones respiratorias. El aceite de clavo es útil para abrir el chakra de la garganta y tratar síntomas de desequilibrio físico. Hacer gárgaras con unas gotas de aceite de clavo en agua tibia un par de veces al día es un buen ritual para el quinto chakra.

ÁRBOL DEL TÉ

También conocido como aceite de melaleuca, el árbol del té tiene un aroma medicinal característico y este aceite purificador se utiliza para todo tipo de finalidades medicinales, como tratar resfriados, heridas, infecciones, dolores de garganta y afecciones de la piel (¡mi aplicación favorita es para las espinillas!). Se trata de un aceite maravilloso para utilizar en espray casero para purificar tu espacio sagrado y a ti mismo cuando trabajas para abrir el chakra de la garganta.

MENTA

El aceite esencial de menta tiene un aroma fresco, mentolado y estimulante, y contiene mentol, que induce una sensación refrescante. Me gusta añadir unas gotas de aceite esencial de menta a una inhalación de vapor para ayudar a despejar la cabeza y los senos nasales cada vez que necesito un cambio energético antes de una sesión creativa de *brainstorming* o una interacción importante.

MEZCLA COMUNICACIÓN CLARA

El propósito de esta mezcla de aceites esenciales para el chakra de la garganta es ayudarte a expresarte con autenticidad, claridad y confianza. Ayudará en el proceso de apertura del quinto chakra, equilibrándolo y manteniéndolo en una alineación armoniosa. Puedes utilizar la mezcla habitualmente durante la alineación del chakra de la garganta y según lo creas necesario en otras ocasiones.

INGREDIENTES

- 2 cdas. aceite de coco (o de cualquier otro aceite portador de tu elección
- 2 gotas aceite esencial de eucalipto
- 2 gotas aceite esencial de menta
- 1 gota aceite esencial de clavo
- 1 gota aceite esencial de árbol del té

MATERIAL

Botella oscura de vidrio de 60 ml
Cuentagotas

CANTIDAD

Para elaborar 45 ml

1. Vierte el aceite de coco dentro de la botella oscura de vidrio.

2. Con un cuentagotas, añade todos los aceites esenciales. Tapa la botella y agita suavemente.

3. Aplica el aceite en el cuello y en la zona de la garganta, e inhálalo directamente si lo consideras. (Sólo para uso externo).

✿ VISUALIZACIÓN DEL CHAKRA DE LA GARGANTA

Es importante despejar la cabeza y el sistema respiratorio antes de la meditación de visualización. Haz vahos con una mezcla de aceites esenciales de menta y de árbol del té. Sahúma tu espacio sagrado con un ramillete de salvia blanca o palo santo y luego difunde un poco de aceite de eucalipto. Aplica unas gotas de la mezcla comunicación clara (capítulo 6) o de aceite esencial de menta y masajea suavemente el área del cuello y la garganta. Acerca algunas de las piedras del chakra de tu garganta para que puedan ayudarte energéticamente.

1. Túmbate y cierra los ojos.
2. Respira profundamente por la nariz, espira por la boca y suspira. Deja que tus músculos y tu cuerpo se relajen. Repite esto tantas veces como sea necesario hasta que te sientas relajado y preparado para la meditación.
3. Sin dejar de inspirar y espirar profundamente, coloca las manos alrededor del cuello, visualizando cómo entra y sale la respiración de tus manos.
4. Manteniendo los ojos cerrados, repítete a ti mismo en voz alta: «Conozco el valor de la comunicación clara y auténtica y el poder de mis palabras. Teniendo esto en mente, honro el centro energético de mi voz y mi expresión creativa, y ahora lo veo claramente».

5. Visualiza mentalmente una pirámide invertida azul en la garganta, debajo de las manos. (También puedes retirar las manos si te sientes incómodo y simplemente concentrar tu mente en la garganta). Mira detalladamente esta pirámide, observando su tono exacto de azul, su tamaño y cualquier otro detalle. Observa sus dimensiones y si está girando o estática. Fíjate cómo percibes esta pirámide y qué ideas recibes sobre cualquier desequilibrio o bloqueo, y qué puedes necesitar hacer para llevar el chakra de la garganta a un equilibrio armonioso.
6. Una vez que hayas observado la pirámide y hayas obtenido suficiente información sobre el funcionamiento del chakra de la garganta, tómate un momento para reconocer y dar las gracias a este punto de energía de tu cuerpo, y a continuación abre lentamente los ojos.

ACTIVACIÓN DEL CHAKRA DE LA GARGANTA

Tómate un tiempo para purificarte a ti mismo y a tu espacio y facilitar así la poderosa activación divina de este quinto chakra. (Un ritual de preactivación sugerido es una ducha o un baño purificador con unas gotas de aceite esencial de eucalipto). Purifica tu espacio sahumando salvia blanca o palo santo. Vierte un par de gotas de tu mezcla comunicación clara (capítulo 6) o de aceite esencial de eucalipto sobre tus piedras para el chakra de la garganta y tenlas cerca, ya que las utilizarás en tu activación.

1. Es mejor realizar esta activación tumbado o sentado. Cuando te encuentres en una posición cómoda, cierra los ojos y tómate unos momentos para relajarte, centrándote en respirar lenta y profundamente, y relajando los músculos de tu cuerpo para que te sientas ligero y maleable.
2. Coge una de las piedras pulidas para el chakra de la garganta humedecida con aceite y frótala suavemente por el cuello, centrando tu atención en el área de la garganta. Si no te molesta, puedes dejar la piedra allí, en la base de tu cuello.
3. Comienza a visualizar tu respiración como una hermosa luz azul que entra en tu garganta cuando inspiras e inunda todo tu cuello cuando espiras.
4. Dirige tu mente a la pirámide invertida azul, que representa tu chakra de la garganta. Visualízala en la base de tu garganta. Mira tu respiración y esa intensa luz azul que llena la pirámide azul, haciéndola sólida. Con cada inspiración y espiración, observa cómo la pirámide azul se hace más grande y brillante hasta llenar todo tu cuello.
5. Visualiza la luz azul que fluye desde esta pirámide hacia el resto de tu cuerpo y siente cómo se disipa cualquier bloqueo o barrera que impide tu expresión sincera. Permítete sentir una sensación de confianza y de paz al poder escuchar tu voz interior, acceder a tu intuición y recibir la expresión divina. Siéntete inspirado para hablar y comunicar tu verdad mientras ves esa luz azul girando alrededor de tu cuerpo.

6. Con cada respiración, siente una sensación de confianza y de paz que puedes escuchar, decir y crear para tu mayor bien y el mayor bien de todos. Permítete hacer algo de ruido utilizando tu voz. Quizás puedas repetir un mantra, canturrear, cantar o gritar.
7. Visualiza la energía que fluye desde esta pirámide azul y tu chakra de la garganta por todo tu cuerpo. Puedes visualizarlo como una luz turquesa que impregna todo tu ser físico.
8. Cuando sientas esta energía inundando tu cuerpo, nota una profunda sensación de gratitud por el saludable funcionamiento de este centro de energía. Abre lentamente los ojos cuando hayas terminado.

REFLEXIÓN SOBRE EL CHAKRA DE LA GARGANTA

Primero, prepara un refrescante té de menta. Reúne tus piedras del chakra de la garganta y colócalas cerca de donde escribirás en tu diario. Difunde aceites esenciales de eucalipto y de árbol del té. Masajea en el cuello y en la zona de la garganta unas gotas de mezcla de comunicación clara (capítulo 6) o de otro aceite esencial para el chakra de la garganta. Aplica unas gotas en las sienes y en las muñecas, y haz unas cuantas inspiraciones profundas de la mezcla.

Ahora pasa a tu diario y anota cualquier observación que puedas tener sobre la visualización y la activación del chakra de la garganta. Considera lo que ha aprendido sobre tu chakra de la garganta, particularmente sobre los desequilibrios. Observa si has notado alguno de estos síntomas o problemas, y reflexiona sobre cualquier percepción intuitiva de las energías del chakra de la garganta y lo que debes hacer para asegurarte de que te expresas y te comunicas de manera plena y auténtica. Utiliza las siguientes preguntas para guiar tu reflexión:

- ¿Eres una persona abierta, honesta y clara en tu comunicación?
- ¿Sabes cuándo hablar y cuándo quedarte callado?
- ¿Eres una persona honesta contigo misma y con los demás?
- ¿Sintonizas con tu mente, tu cuerpo y tu alma para saber cuál es tu verdad?
- ¿Puedes ver la conexión entre la creatividad y tu espíritu único?
- ¿Cómo puedes ser más creativo en tu vida?
- ¿Te permites expresarte creativamente de alguna forma?

⚘ AFIRMACIONES DEL CHAKRA DE LA GARGANTA

Las afirmaciones del chakra de la garganta deben repetirse varias veces al día durante el proceso de apertura y alineamiento. Estas afirmaciones también son útiles para conseguir un chute de energía antes de una conversación importante, para comunicarse abiertamente o ante un esfuerzo creativo. Es mejor pronunciar, cantar o gritar estas afirmaciones para que sientas tu voz afirmando tu derecho divino a comunicarte y expresarte de manera abierta y auténtica.

Para ayudar con este proceso, respira uno de los aceites esenciales para el chakra de la garganta oliéndolo o haciendo vahos de vapor. Frota en el cuello un poco de mezcla de comunicación clara (capítulo 6) o de aceite esencial de menta. Quédate de pie o siéntate en una posición erguida, baja los hombros, levanta la cabeza y estira el cuello. Mientras repites cada mantra, visualiza una luz azul brillante entrando por el cuello y saliendo por la boca. Deja que esta luz te infunda confianza y claridad mientras honras y expresas tu verdad.

- Sé que es seguro y que es mi derecho divino decir mi verdad.
- Tomo conciencia de mi voz y hablo.
- Me comunico con claridad y confianza.
- Conozco el poder tanto de mis palabras como de mi silencio.
- Sé cuándo escuchar a los demás y cuándo hablar.
- Soy honesto acerca de quién soy y lo que siento.
- Disfruto expresándome y encontrando formas creativas de hacerlo.
- Vivo en mi verdad. Digo mi verdad. Soy mi verdad.

SIETE

CHAKRA DEL TERCER OJO

INTUICIÓN ES VER
CON EL ALMA

Dean Koontz

El chakra del tercer ojo, que también se conoce a menudo como chakra pineal, es el sexto punto de energía principal del cuerpo y está situado en la frente, entre las cejas. Su nombre hace referencia a su nombre sánscrito, *Ajna,* que se traduce como «percibir» y «más allá de la sabiduría».

El chakra del tercer ojo es el centro de energía de nuestra mente. Los sabios antiguos consideraban que este chakra era la sede de la capacidad psíquica, ya que gobierna nuestra intuición y premonición. Se lo conoce con este nombre porque es un ojo invisible que «ve» cosas que no necesariamente son visibles. Cuando está completamente activado y fluye de manera armoniosa, este chakra estimula los hemisferios derecho (creativo y espiritual) e izquierdo (lógico y racional) del cerebro para que trabajen juntos y la mente pueda funcionar con unos buenos cimientos. Un chakra del tercer ojo en pleno funcionamiento nos permite confiar en nuestra intuición, sentirnos cómodos en el camino elegido y poder utilizar tanto nuestros sentimientos como los hechos para tomar grandes decisiones; como consecuencia de ello, sentimos que vivimos en armonía con nosotros mismos.

DESEQUILIBRIO EN EL CHAKRA DEL TERCER OJO

En el caso de un chakra del tercer ojo hiperactivo, podemos sentir síntomas físicos y psicológicos intensos. A nivel mental es probable que nos sintamos abrumados y agotados. Nuestra imaginación puede ir a toda marcha, nublando así nuestra intuición y nuestra capacidad para discernir entre hechos y sentimientos. Es posible que seamos demasiado subjetivos y lo veamos todo a través de una lente limitada, lo que hace que seamos estrechos de miras e inflexibles. Podemos actuar de manera demasiado racional a expensas de nuestras necesidades emocionales o espirituales. Es posible que tengamos una imagen distorsionada de nosotros mismos y luchemos por la autoaceptación, lo que incluye la aceptación de nuestro lado oscuro. Éste es esencialmente nuestro yo inconsciente: las características y los comportamientos casi automáticos que están profundamente arraigados en nuestro subconsciente y que a menudo se manifiestan como rasgos o comportamientos negativos. Cada uno de nosotros tiene un lado oscuro, y la clave no es eliminarlo, sino comprenderlo y trabajar para transformarlo. En algunos casos de chakra del tercer ojo hiperactivo, puede pasar que nuestras habilidades de clarividencia estén hiperactivas, lo que hace que nos sintamos abrumados e incluso algo asustados. (¡Esto me pasó a mí y fue intenso y desorientador!).

CORRESPONDENCIAS

COLOR	ELEMENTO	SÍMBOLO	FORMA
Índigo	Luz		Estrella de cinco puntas

PLANETAS
Júpiter — Saturno

SIGNOS ASTROLÓGICOS
Sagitario — Capricornio

PIEDRAS
Zafiro   Labradorita
Celestita   Azurita

ARQUETIPO DIVINO
La Mujer Sabia

ANIMAL
Halcón

ACEITES ESENCIALES
Sándalo   Pachuli
Bergamota   Vetiver

CHAKRA DEL TERCER OJO

Con un chakra del tercer ojo poco activo o bloqueado, es probable que falte un rumbo marcado y fe en el camino elegido. Es posible que nos sintamos energéticamente agotados y sin inspiración, y que nos esforcemos por encontrar un significado más profundo a nuestra vida. Esto hace que nos sintamos descorazonados, escépticos y temamos lo desconocido. Cuando el tercer ojo está bloqueado, no podemos ver ni conectar con nuestra intuición o desconfiamos de cualquier noción intuitiva. Podemos creer que nunca soñamos, cuando en realidad sí lo hacemos, pero como no estamos conectados con nuestro subconsciente, no podemos recordar nuestros sueños y recibir su guía y sabiduría. Como este sexto chakra es una fuente de energía tan importante para nuestra mente, en caso de bloqueo es probable que tengamos dificultades para concentrarnos, nos cueste procesar la información y seamos muy indecisos.

El sexto centro de energía gobierna las glándulas hipófisis y pineal, el sistema neurológico y los ojos, los oídos y la nariz. Entre las dolencias físicas comunes de un chakra del tercer ojo bloqueado se incluyen las siguientes:

- Migrañas
- Problemas sinusales
- Visión borrosa
- Fatiga visual
- Cataratas
- Glaucoma
- Alucinaciones
- Insomnio
- Deficiencias del sistema inmunitario

- Hipertensión
- Desequilibrios hormonales
- Función suprarrenal comprometida (fatiga suprarrenal)

CUANDO SE ABRE EL CHAKRA DEL TERCER OJO

Cuando se abre el chakra del tercer ojo, es posible que sientas una sensación de presión entre las cejas, casi como si ese tercer ojo invisible se estuviera abriendo. Cuando un sanador abrió mi chakra del tercer ojo, sentí un estallido real y vi mentalmente una explosión de luz violeta entre mis cejas. Fue una experiencia extraordinaria.

La apertura del tercer ojo puede no resultar tan drástica, pero como ocurre con todos los chakras, es posible que experimentes una sensación de hormigueo y de calidez cuando la energía comienza a fluir. Esto puede hacer que tus ojos físicos sean más sensibles a la luz. Temporalmente, algunas personas experimentan una visión borrosa o un aumento notable en la intensidad de los colores; puede ser sutil o más obvio, dependiendo de su viaje único. Los dolores de cabeza son otro síntoma de la apertura del chakra del tercer ojo y una señal de que la glándula pineal se está regulando a sí misma. Como esta glándula produce y regula muchas hormonas, incluida la melatonina, que afecta nuestra capacidad para dormir, es posible experimentar cierta alteración en los hábitos de sueño. Ya sea que esto signifique que de repente no duermes lo suficiente y no oyes la alarma del despertador o que experimentas insomnio e inquietud, recuerda que, como pasa con todos los sistemas de apertura de chakras, es una situación temporal. Como dice el refrán, nada es para siempre.

Cuando el tercer ojo se abra y se equilibre, también se despertará tu capacidad intuitiva, por lo que de repente puedes verte inundado de ideas y tener muchas premoniciones. En este momento, resulta útil tener a mano una libreta para poder anotar tus pensamientos. Una consecuencia algo perturbadora de la apertura del tercer ojo es un aumento de la clarividencia, que puede llegar a resultar abrumadora o incluso algo aterradora. Sin embargo, ten la seguridad de que esto forma parte del reequilibrio y puede llevar tu capacidad clarividente a un flujo saludable que te ayude tanto a ti como a los demás, en lugar de asustarte o bloquearte.

ARQUETIPO DIVINO: LA MUJER SABIA

La Mujer Sabia es, como su nombre indica, un alma sabia. Los demás la veneran por su sabiduría y conocimiento. Tanto práctica como espiritual, es la voz de la razón, pero también una voz de inspiración y fe en lo que no se ve pero se siente. La Mujer Sabia es el resultado de un chakra del tercer ojo totalmente equilibrado, ya que opera con equilibrio entre hechos y sentimientos, lógica e intuición, realidad y paradigmas alternativos. Tiene conocimiento de los hechos y percepciones que provienen de fuentes superiores: su intuición, su yo superior y su conexión divina con Dios y el universo.

Amable, compasiva y sabia, también es misteriosa, mágica y profética. Es una heroína para sí misma y para muchos otros, y es vista como una protectora, similar al arquetipo de la Madre, pero de una manera menos cariñosa y más distante, aunque sigue siendo compasiva. En la historia, el folclore y la literatura, la Mujer Sabia suele ser retratada como una mujer mayor, pero la verdad es que la Mujer Sabia es vista por su sabiduría, no por su edad. Aquella persona joven y sabia a la que consideras un «alma vieja» es un ejemplo de Mujer Sabia. Es el hada madrina o la reina de los cuentos de hadas, o la figura sabia y misteriosa de la literatura, la que «todo lo ve» y habla desde su mente y su alma, y cuya sabiduría y guía son buscadas por los demás.

La Mujer Sabia nos enseña que nosotros también podemos ser un equilibrio de nuestra mente, nuestro corazón y nuestra alma, y podemos obrar desde un lugar de profunda sabiduría interior. Podemos adoptar sus rasgos para ser lógicos y objetivos, pero también permitir que nuestra intuición nos guíe divinamente. Prestando atención a los pequeños detalles y hechos y confiando en una visión más amplia y en nuestros sentimientos, podemos perseguir nuestro propósito con confianza y alineación, y podemos perseguir nuestros sueños y vivir nuestra vida con fe tanto en lo que se ve como en lo que no se ve.

PIEDRAS DEL CHAKRA DEL TERCER OJO

Todas las piedras del chakra del tercer ojo son muy vibracionales y tienen poderosas cualidades místicas asociadas con este centro de energía.

ZAFIRO

Dado que Saturno es uno de los planetas que gobierna el chakra del tercer ojo, esta hermosa gema de color índigo recibe su nombre de la palabra sánscrita *sanipriya*, que significa «querido por el planeta Saturno». El zafiro se considera la piedra de la sabiduría, ya que ayuda a calmar y centrar la mente, liberando tensiones y cháchara mentales innecesarias. Poner una piedra de zafiro pulida entre las cejas es una maravillosa manera de ayudar a purificar el chakra del tercer ojo para alinearlo.

CELESTITA

Una de las piedras de mayor vibración que he encontrado, la celestita estimula el desarrollo espiritual y promueve la confianza en la energía divina. Esta piedra es una de mis favoritas para equilibrar el chakra del tercer ojo, ya que no sólo calma las emociones, sino que también integra nuestro intelecto y nuestra mente lógica con nuestros sentimientos y nuestra mente intuitiva, aportando equilibrio entre ambos lados del cerebro. Me gusta tener un fragmento de celestita sin pulir en mi altar y utilizo varitas de celestita o pequeñas piedras pulidas durante la meditación.

LABRADORITA

La piedra de la transformación, la labradorita, es una piedra altamente mística y protectora que ayuda a elevar tu conciencia eliminando miedos e inseguridades y otras cargas emocionales que nublan tu mente y disminuyen tu capacidad de pensar con claridad y escuchar tu intuición. La labradorita es una piedra poderosa que se puede utilizar para abrir y activar el chakra del tercer ojo. Puedes utilizar una colección de pequeñas piedras de labradorita pulidas o una piedra de tamaño mediano colocada directamente en tu chakra del tercer ojo.

AZURITA

Conocida como la piedra psíquica, la azurita varía del azul oscuro al índigo, y su energía vibracional coincide con la del chakra del tercer ojo. Una piedra maravillosa para despertar la intuición y las habilidades psíquicas, así como para abrir la mente a la sabiduría espiritual y divina, es una piedra importante tanto para activar como para equilibrar el tercer ojo, y es útil en rituales y meditaciones. La azurita sin pulir es sencillamente impresionante y mi forma preferida de esta piedra.

ACEITES ESENCIALES PARA EL CHAKRA DEL TERCER OJO

Quizás reconozcas algunos de los aceites esenciales recomendados para el chakra del tercer ojo, ya que también se mencionan en capítulos anteriores para otros centros de energía. A menudo, un aceite esencial es beneficioso para varios chakras.

SÁNDALO

Se trata de un aceite esencial de referencia para equilibrar cada uno de los chakras, ya que es muy beneficioso para la meditación y los rituales. También estimula las glándulas hipófisis y pineal, ayudando así a todo el sistema endocrino, que produce diversas hormonas para el cuerpo. Difundir este aceite, inhalarlo directamente o utilizarlo en una mezcla de aceites esenciales puede ayudar en la apertura del chakra del tercer ojo y mejorar la conciencia espiritual e intuitiva.

BERGAMOTA

Cítrico y picante, el aceite de bergamota es muy apreciado en aromaterapia. Este aceite tiene un aroma característico que calma y anima a la vez. También promueve la liberación de patrones de pensamiento negativos y obsoletos que pueden desequilibrar el chakra del tercer ojo. Puedes abrir y sanar este centro de energía aplicando unas gotas de aceite esencial de bergamota diluido directamente entre las cejas.

VETIVER

El aceite esencial de vetiver, uno de mis favoritos, tiene un hermoso aroma terroso y especiado que reconforta y calma al instante. Este aceite se puede utilizar de diversas maneras para calmar y estabilizar un chakra del tercer ojo hiperactivo, ya que alivia la ansiedad, que más adelante libera pensamientos negativos y temerosos, aportando claridad a la mente. El vetiver también te permite pensar con claridad y recibir orientación intuitiva. Disfruto añadiendo unas gotas de aceite esencial de vetiver a un baño caliente que me ayuda a relajarme y conseguir claridad.

PACHULI

Cálido, especiado y sensual, el de pachuli es otro aceite esencial beneficioso para muchos de los chakras gracias a sus propiedades equilibrantes y de conexión a tierra. Algunos de los componentes del pachuli son beneficiosos para levantar el ánimo y equilibrar las emociones cuando se trata de un chakra del tercer ojo cerrado o desequilibrado. Como el pachuli tiene algunos efectos sedantes, difundir este aceite por la noche puede aliviar algunos problemas relacionados con el sueño y aportar asistencia energética durante el proceso de alineación de este chakra.

MEZCLA MENTE Y VISIÓN CLARAS

La finalidad de esta mezcla de aceites es ayudarte a aclarar y calmar tu mente para que puedas acceder a tu intuición de manera más fácil y pensar y actuar desde tu yo superior. Al igual que con todas las mezclas de chakras, esta combinación personalizada es útil para activar y equilibrar el chakra del tercer ojo, pero también va bien utilizarla en momentos en los que te sientes inseguro, confundido o temeroso y necesitas conectar con tu intuición y recibir guía divina.

INGREDIENTES

- 2 cdas. aceite de almendras (o de cualquier otro aceite portador de tu elección)
- 2 gotas aceite esencial de sándalo
- 2 gotas aceite esencial de bergamota
- 1 gotas aceite esencial de vetiver
- 1 gota aceite esencial de pachuli

MATERIAL

Botella oscura de vidrio de 60 ml
Cuentagotas

CANTIDAD

Para elaborar 45 ml

1. Vierte el aceite de almendra dentro de la botella oscura de vidrio.
2. Con un cuentagotas, añade todos los aceites esenciales. Tapa la botella y agita suavemente.
3. Masajea o aplica el aceite en la frente, entre las cejas, y en el cuello según sea necesario. Inhálalo directamente para una asistencia energética. (Sólo para uso externo).

⚜ VISUALIZACIÓN DEL CHAKRA DEL TERCER OJO

Un espacio despejado conduce a una mente despejada. Si estás haciendo este ejercicio de visualización en tu espacio sagrado, éste ya debería estar limpio y ordenado. Aun así, debes realizar un ejercicio de sahumado utilizando salvia blanca o palo santo para purificar energéticamente el espacio y marcar las pautas. Quemar un poco de incienso de sándalo o difundir aceite esencial de sándalo ayudará a crear un ambiente tranquilo. Echa un poco de mezcla mente y visión claras (capítulo 7) o de aceite esencial de sándalo en tu dedo anular y frótalo suavemente entre las cejas. Reúne tus piedras para el chakra del tercer ojo y sostenlas en una mano para facilitar tu meditación de visualización, o colócalas cerca para conseguir apoyo energético.

1. Túmbate y cierra los ojos.
2. Respira profundamente por la nariz, espira por la boca y suspira. Deja que tus músculos y tu cuerpo se relajen. Repite esto tantas veces como sea necesario hasta que te sientas relajado y preparado para la meditación.
3. Haz inspiraciones y espiraciones de purificación. Cuando inspires, visualiza tu respiración como una hermosa luz de color índigo que penetra por entre tus cejas. Con cada espiración, ve esa luz entrar en tu cabeza y dar vueltas alrededor de tu cerebro.

4. Manteniendo los ojos cerrados, tómate unos momentos para dirigir tu atención al espacio físico y energético detrás de tus cejas, enfocándote una vez más en la luz índigo que llena ese espacio. Visualiza una estrella azul de cinco puntas que emerge lentamente de esa luz índigo. Obsérvala con atención, fijándote en el color, el tamaño y cualquier otro detalle que te llame la atención. Fíjate en sus dimensiones y si está girando o estática. Toma nota mental de cualquier sentimiento o pensamiento que te venga a la mente al mirar esta estrella, que representa tu chakra del tercer ojo. En concreto, fíjate en cualquier cosa que pueda indicarte un desequilibrio o un bloqueo que pueda tener tu chakra del tercer ojo, y qué puedes necesitar hacer para lograr un equilibrio armonioso.

5. Una vez que hayas obtenido suficiente información sobre el funcionamiento del chakra del tercer ojo, tómate un momento para reconocer y dar las gracias a este punto de energía de tu cuerpo, y a continuación abre lentamente los ojos.

ACTIVACIÓN DEL CHAKRA DEL TERCER OJO

Va bien tener cerca algunos objetos de color índigo (por ejemplo, un cojín, una manta o ropa), así como las piedras del chakra del tercer ojo y la mezcla mente y visión claras (capítulo 7) u otros aceites esenciales para el chakra del tercer ojo, ya que todo ello te ayudará a abrir y equilibrar el sexto chakra. Antes de comenzar la activación, aplica un poco de tu mezcla de aceites esenciales personalizada o bien tu aceite esencial preferido para el chakra del tercer ojo sobre una piedra pulida para dicho chakra.

1. Esta activación se puede realizar en cualquier posición cómoda (de pie, tumbado, sentado), pero quieres que la cabeza y el cuello permanezcan apoyados, así que tenlo en cuenta al elegir la posición.
2. Una vez que te sientas cómodo, cierra los ojos y tómate unos instantes para tranquilizarte, concentrándote en respirar lenta y profundamente. Con cada inspiración y cada espiración, nota cómo se relajan los músculos de la cabeza, especialmente los de la frente.
3. Coge la piedra suave pulida mojada con la mezcla de aceites esenciales y frótala suavemente entre las cejas para activar tu tercer ojo.

4. Llevando tu atención al tercer ojo, visualiza tu respiración como una luz de color índigo brillante que energiza este poderoso centro de energía para que puedas sentir su poder. Lleva tu mente a la estrella de cinco puntas, el símbolo del tercer ojo, y visualízala dentro de esa luz índigo. Con cada inspiración y cada espiración, observa cómo la estrella índigo se hace más grande y brillante hasta llenar la cabeza y el cerebro.

5. Observa esta estrella de color índigo purificando cualquier exceso de desorden mental y haciendo sitio para que tu yo superior sea escuchado para que puedas pensar desde un lugar centrado y conectado a tierra, equilibrando la lógica y la intuición, y permitiéndote honrar tanto los hechos como los sentimientos.

6. Permítete tener una sensación de claridad y confianza en tu mente y en tu capacidad para conocer tu verdad, escucharla y actuar en consecuencia. Toma conciencia de esta estrella como tu tercer ojo intuitivo, que te ayudará a ver lo que no se ve y a conectar con la sabiduría de una fuente superior.

7. Con cada respiración, observa cómo esa estrella se expande desde tu cabeza hacia todo tu cuerpo y nota que todo tu cuerpo energético se infunde con tu sabiduría innata y tu capacidad para pensar y actuar con discernimiento, siempre honrando tu verdad personal y siendo guiado divinamente. Cuando hayas terminado, respira profundamente y abre lentamente los ojos.

🪷 REFLEXIÓN SOBRE EL CHAKRA DEL TERCER OJO

Sahúma tu espacio sagrado y agita suavemente el sahumerio alrededor de tu cabeza para despejar tu mente de cualquier pensamiento o sentimiento innecesarios. Aplica unas gotas de la mezcla mente y visión claras (capítulo 7) o de aceite esencial de vetiver en las sienes y entre las cejas, y masajea la zona. Es posible que también quieras inhalar la mezcla para conectar con las propiedades energéticas.

Ahora pasa a tu diario y anota cualquier observación que puedas tener sobre la visualización y la activación del chakra del tercer ojo. Piensa en qué has aprendido sobre el chakra del tercer ojo, en particular si has experimentado algún desequilibrio o ves algún síntoma de desequilibrio en este chakra. Toma nota sobre cualquier otra idea intuitiva que puedas tener con respecto a las energías del chakra del tercer ojo. También anota qué más puedes hacer para poder pensar con claridad y confianza, confiando en tu voz interior y obrando desde tu yo superior. Utiliza las siguientes preguntas para guiar tu reflexión:

- ¿Confías en tu sabiduría interior?
- ¿Confías en la sabiduría de los demás?
- ¿Eres una persona perceptiva? ¿Y cómo percibes quién y qué son para tu mayor bien?
- ¿Te tomas el tiempo necesario para cultivar tu mente y seguir aprendiendo?
- ¿Tienes una visión clara para tu vida? ¿Confías en esa visión sabiendo que es un reflejo de tu verdad?

- ¿Puedes aceptar que a veces puedes saber cosas sin necesidad de hechos o pruebas, sino sólo a partir de tus sentimientos?
- ¿Tienes un sentido saludable de los límites?
- ¿Puedes ver que lo que es correcto para los demás y que lo que es su verdad puede no ser necesariamente tu verdad?

AFIRMACIONES DEL CHAKRA DEL TERCER OJO

Las afirmaciones del chakra del tercer ojo deben repetirse varias veces al día durante el proceso de apertura y alineamiento. Estas afirmaciones también van bien cuando necesitas equilibrar los lados lógico e intuitivo de tu cerebro, y cuando pretendes considerar decisiones desde una perspectiva equilibrada que refleje tu sabiduría, tu fe y tu pragmatismo innatos.

Comienza inhalando uno de los aceites esenciales para el chakra del tercer ojo, ya sea oliéndolo o haciendo vahos de vapor. Aplica entre las cejas un poco de la mezcla mente y visión claras o de otro aceite esencial para el chakra del tercer ojo de tu elección, como pachuli. Ponte de pie o siéntate en posición erguida, con los hombros caídos, la cabeza levantada y el cuello recto. Mientras repites cada uno de los mantras que te muestro más abajo, visualiza una luz índigo brillante que entra en tu tercer ojo y te impregna la cabeza y el cerebro. Deja que esta luz te infunda claridad y conexión con tu propia intuición y guía divina.

- Conozco la importancia de tener la mente clara para poder seguir mi sabiduría innata.
- Tomo medidas periódicas para despejar mi mente de pensamientos y sentimientos que no me sirven y que me impiden aprovechar mi guía interior.
- Sé que mi verdadero yo es sabio, intuitivo y perspicaz.
- Acepto y confío en mi sabiduría y guía internas.
- Equilibro hechos con sentimientos y esperanza con pragmatismo.
- Confío en mí mismo y creo en mi capacidad para crear la vida que deseo.

OCHO

CHAKRA DE LA CORONILLA

CON NUESTRA CONEXIÓN DIVINA
ESTAMOS SIEMPRE EN CONTACTO
CON LAS SOLUCIONES QUE
ESTAMOS BUSCANDO

Wayne Dyer

El chakra de la coronilla es el séptimo y último punto de energía principal del cuerpo. Como su nombre indica, este chakra se encuentra en la coronilla de la cabeza. El nombre sánscrito del chakra de la coronilla es *Sahasrara*, que se traduce como «loto de mil pétalos». Se considera que el chakra de la coronilla es el asiento de la conciencia.

Este sagrado séptimo y último centro de energía principal gobierna la totalidad de nuestra consciencia: nuestros pensamientos, nuestra sabiduría y nuestra conciencia, así como nuestra conexión con el universo y lo divino. Entre los rasgos de este chakra se incluyen unidad, iluminación, serenidad y la capacidad de ver la belleza (esencialmente la divina) en todo. Mientras que el chakra de la raíz, como primero de los chakras que es, se ocupa de nuestras realidades físicas y de nuestra conexión con la vida terrenal, el de la coronilla gobierna nuestra existencia espiritual y nuestra conexión tanto con el universo como con el reino superior de lo divino. El Sahasrara también juega un papel fundamental en el funcionamiento de nuestros cuerpos energéticos, ya que regula la dispersión de prana (energía de fuerza vital) en los otros seis chakras situados por debajo de la coronilla. El séptimo chakra a menudo se considera como el puente entre los reinos físico y no físico.

DESEQUILIBRIO EN EL CHAKRA DE LA CORONILLA

Dado que este chakra gobierna nuestra conexión espiritual y nuestra conciencia, y dado que desempeña un papel tan crucial en la salud de los otros chakras, es imperativo que esté abierto y equilibrado para el funcionamiento saludable general de nuestros cuerpos energéticos. En el caso de un chakra de la coronilla bloqueado o poco activo, es probable que nos sintamos apáticos, solitarios, pasivos, energéticamente adormecidos y físicamente fatigados. Es posible que estemos desconectados de los demás (tanto emocionalmente como de otro modo) o que tengamos falta de dirección, lo que conlleva que no podamos establecer ni manifestar nuestros objetivos. Puede haber una sensación de vagar sin rumbo por la vida, sin propósito ni conexión.

A menudo, un chakra de la coronilla hiperactivo da lugar a un deseo de posesiones materiales, que nunca podrá satisfacerse. Esta codicia y superficialidad también pueden manifestarse como

CORRESPONDENCIAS

COLOR	ELEMENTO	SÍMBOLO	FORMA
Violeta	El Cosmos		Medio círculo

PLANETA	SIGNOS ASTROLÓGICOS
El universo	Ninguno (trasciende el zodíaco)

PIEDRAS	ARQUETIPO DIVINO
Selenita / Cuarzo transparente / Amatista / Diamante	El Gurú

ANIMAL	ACEITES ESENCIALES
Águila	Lavanda / Franquincienso / Mirra / Nardo

CHAKRA DE LA CORONILLA

arrogancia ante la vida, que se extiende a los demás, lo que da como resultado una mayor desconexión de la humanidad. En lugar de ver la conexión divina entre todos nosotros, sólo vemos lo que nos desconecta de los demás. Una desconexión espiritual de lo divino es una desconexión de todo lo que es, tanto de los demás seres como del universo.

Sin embargo, un chakra de la coronilla hiperactivo puede ser perjudicial de múltiples maneras. Puede llevarnos a ser obsesivos en nuestra espiritualidad. Es posible que necesitemos una dosis espiritual para pasar el día, lo cual no es saludable cuando se utiliza como muleta, al igual que los cigarrillos. (¡Las adicciones no dejan de ser adicciones!). También podemos desconectar de otras cosas mientras buscamos nuestra conexión divina a costa de nuestra vida terrenal, olvidando el ancla muy importante de nuestro chakra de la raíz. Es posible que nos encontremos constantemente buscando señales de lo divino y creyendo o analizando demasiado todo lo que vemos o experimentamos.

Unos años después de mi despertar espiritual experimenté de primera mano esta situación cuando perseguía mi conocimiento y mi conexión divinos de una manera infundada, casi obsesiva, a expensas de los aspectos prácticos y de mi vida física. Creo que a la mayoría de las personas les pasa que experimentan un chakra de la coronilla hiperactivo en algún momento durante su despertar espiritual; sin embargo, es importante ser conscientes de ello y no flotar por el cosmos a costa de la vida en la Tierra.

El séptimo centro de energía gobierna la glándula pineal y el sistema neurológico, así como los ojos, los oídos y la nariz. Entre las dolencias físicas comunes por culpa de un chakra de la coronilla bloqueado se incluyen las siguientes:

- Migrañas
- Problemas de la glándula hipófisis
- Problemas de tiroides
- Desequilibrios hormonales
- Fatiga crónica
- Caída del cabello
- Problemas cognitivos
- Trastornos neurológicos
- Neuralgias
- Problemas psicológicos, desde ansiedad hasta depresión

CUANDO SE ABRE EL CHAKRA DE LA CORONILLA

Como ocurre con todos los chakras, a medida que se abre este centro de energía aparecen algunos síntomas incómodos, tanto físicos como mentales. En el caso del chakra de la coronilla, es posible que notes algunas sensaciones intensas en la parte superior de la cabeza, generalmente un hormigueo, que puede provocar una vibración más poderosa que puede hacer palpitar el cráneo, la cabeza, el cuerpo y los nervios. En algunos casos, puedes sentir una presión intensa a medida que se abre este centro de energía, lo que provoca dolores de cabeza, mareos, desorientación, zumbidos en los oídos o en la cabeza, o una leve sensación de energía eléctrica, como si te estuvieran provocando descargas eléctricas.

Durante la alineación del chakra de la coronilla, es probable que experimentes una mayor sensación de intuición y conexión tanto contigo mismo como con el reino espiritual. Independientemente de que consideres que lo divino es Dios, los ángeles, el universo o los animales espirituales (como sea que lo definas), es probable que sientas esta poderosa conexión. Cuando experimentas esta conexión, puedes sufrir una oleada de emociones y sentirte más apegado a los demás, y al mismo tiempo quizás darte cuenta de tu desapego de ellos (especialmente en el caso de un chakra de la coronilla poco activo). Los síntomas más agradables incluyen la unidad con toda la existencia y una sensación de dicha y paz al saber que hay algo más aparte de lo que experimentamos en la Tierra. Ves belleza en todas las cosas y, como consecuencia de ello, aprecias tu propia belleza, no sólo en tu ser físico, sino también en tu ser espiritual. Una ventaja es que tu belleza interior ahora irradia hacia el exterior.

Durante esta experiencia, también es normal sentir que algunos de los viejos síntomas de hiperactividad o de hipoactividad vuelven a aparecer temporalmente, pero esto suele ser sólo una parte temporal del proceso de alineamiento. Es posible que como resultado de la apertura de tu chakra de la coronilla, sientas una avalancha de energía tanto física como espiritual recorriendo tu cuerpo, y los otros chakras pueden despertarse más o pasar por un proceso de equilibrio natural.

ARQUETIPO DIVINO: EL GURÚ

El Gurú es el maestro espiritual que enseña a los alumnos cómo vivir de una manera espiritualmente iluminada. Por supuesto, hay muchos maestros diferentes en todo el abanico de religiones y círculos espirituales, pero lo que distingue al Gurú es que es capaz de impartir sabiduría divina, el deseo de autorrealización y un sentido de plenitud con sus alumnos. Este Gurú no quiere ser tu Gurú, sino que quiere que seas tu propio Gurú. El Gurú quiere ver a sus alumnos convertirse en la mejor versión de sí mismos a través de su conexión divina y elevarse por encima del plano físico terrenal, más allá de la vida material y mundana.

En algunos aspectos, el Gurú puede parecerse a la Mujer Sabia (capítulo 7), el arquetipo de la diosa del chakra del tercer ojo, pero mientras que la Mujer Sabia es realmente sabia, el Gurú es divinamente sabio. El Gurú lo ve todo y conoce la conexión divina entre cada acontecimiento y el propósito incluso de aquellos que parecen malos.

Así como el chakra de la coronilla se encuentra en la cima de la escalera de chakras, el Gurú es el arquetipo principal del sistema de chakras, lo que lo convierte en un modelo a seguir para todos y cada uno de nosotros. Sin embargo, esto no hace que el Gurú puro sea arrogante o jerárquico. De hecho, un Gurú verdaderamente poderoso sabe que como todo el mundo y todas las cosas están conectados, todos también somos maestros y las lecciones provienen de todas las experiencias de la vida, sean buenas o malas.

El Gurú representa el maestro espiritual que reside en cada uno de nosotros, en nuestro yo superior. Puede que nunca pensemos en nosotros mismos como lo suficientemente iluminados como para convertirnos en un Gurú, y tal vez nunca seamos maestros espirituales, pero eso no significa que no podamos adoptar las características del Gurú y utilizarlas como un modelo a seguir para el desarrollo de nuestro chakra de la coronilla. Nuestro objetivo final en nuestro trabajo con los chakras es alcanzar este nivel de iluminación, algo así como el Gurú, y darnos cuenta de que somos más que esta Tierra y este cuerpo, que hay mucho más para nosotros y nuestra existencia, que todo está conectado, y, en última instancia, que somos uno. Es entonces cuando vemos que hay belleza en todo.

A pesar de las extrañas sensaciones, la apertura del chakra de la coronilla fue una de mis experiencias favoritas y supuso un punto de inflexión para mí, ya que me di cuenta de que ya no necesitaba un Gurú o maestro espiritual específico. Todo lo contrario, supe que toda la vida sería mi maestra. En ese momento no podía concebirlo, pero yo misma me convertí en maestra espiritual. De todos modos, la verdad es que cuanto más maestra soy, más soy una eterna estudiante de la vida.

PIEDRAS DEL CHAKRA DE LA CORONILLA

A continuación, te recomiendo algunas de mis piedras favoritas para el chakra de la coronilla. La mayoría son incoloras, y esto me relaja y me recuerda la energía divina pura de este centro de energía.

SELENITA

La selenita, una piedra transparente e incolora, es excepcionalmente vibracional, extrae emociones negativas y aporta claridad a la mente. Esta piedra etérea nos conecta con nuestra conciencia superior y con el reino de lo divino, por lo que es maravillosa para abrir el chakra de la coronilla. Las varitas de selenita llevan una energía muy purificadora y pueden limpiar el aura tanto de personas como de objetos. Utilizo la mía para purificar cristales y otros objetos que guardo en mi espacio sagrado para rituales y meditaciones.

CUARZO TRANSPARENTE

Una de mis piedras imprescindibles es el cuarzo transparente. Esta piedra común pero extraordinaria tiene poderosas propiedades purificadoras y energizantes. Me gusta utilizar tanto piedras de cuarzo transparente pulidas como varitas para meditaciones, rituales y sanaciones. Colocar una piedra de cuarzo transparente pulida de tamaño mediano en la parte superior de la cabeza o cerca de la cabeza durante la activación del chakra de la coronilla (capítulo 8) ayudará a abrir este poderoso centro de energía y facilitará una conexión divina.

DIAMANTE

Los diamantes no sólo son los mejores amigos de una mujer, sino también una piedra poderosa para nuestro kit de herramientas de sanación. A menudo conocida como la piedra de la invencibilidad por su naturaleza dura, los diamantes tienen energías purificadoras, protectoras, valientes y abundantes. Puedes utilizar una joya de diamantes durante tus meditaciones y rituales para el chakra de la coronilla, y luego utilizarla con la intención de que continúe estimulando tu conexión divina.

AMATISTA

La amatista es una piedra maravillosa para la meditación y los rituales, y para equilibrar todos los chakras. En el caso del chakra de la coronilla, lo mejor es intentar conseguir un cristal de amatista que tenga el tono más próximo posible al índigo para acceder al séptimo chakra. Al utilizar amatista en rituales o meditaciones, puedes calmar tu mente y despejarla para que puedas experimentar la conciencia pura, la sabiduría y la dicha asociadas con un chakra de la coronilla completamente abierto y equilibrado. En mi altar tengo un fragmento de amatista en bruto de gran tamaño y utilizo algunas pequeñas piedras rodadas de amatista en sesiones de meditación, rituales y sanación.

ACEITES ESENCIALES PARA EL CHAKRA DE LA CORONILLA

Todos los aceites esenciales que te recomiendo a continuación tienen propiedades calmantes y relajantes, y algunos también tienen una connotación mística. (El incienso y la mirra se consideraban presentes dignos de un rey, como se menciona en la historia bíblica de los tres Reyes Magos).

LAVANDA

Así como la amatista sirve como piedra sanadora para los siete chakras, el aceite de lavanda también es universal en su asistencia energética a todos los chakras. En el caso del chakra de la coronilla, la lavanda aporta serenidad y tranquilidad de espíritu, lo que facilita la lucidez mental y mantiene el flujo abierto y equilibrado del séptimo centro de energía. Difundir este aceite esencial para rituales y meditaciones, o verter unas gotas en la almohada por la noche promueve la calma espiritual y una conexión divina.

FRANQUINCIENSO

A menudo conocido como aceite sagrado, el franquincienso es otro imprescindible en tu kit de aceites esenciales, ya que promueve la tranquilidad y activa una conexión espiritual. Puedes difundir este aceite para meditaciones y rituales, o inhalarlo directamente para provocar un cambio energético casi instantáneo. Este aceite milenario tiene ciertas propiedades que estimulan las glándulas hipófisis y pineal, por lo que tiene beneficios tanto emocionales como físicos. Me gusta difundir el aceite de franquincienso solo o combinarlo con otros aceites esenciales para crear una mezcla personalizada.

NARDO

El nardo, un aceite esencial menos conocido pero potente, tiene un aroma intenso que conecta con la Tierra y puede equilibrar un chakra de la coronilla hiperactivo. Este aceite también tiene propiedades que ayudan al cerebro y alivian algunos dolores de cabeza tensionales y migrañas, que son sintomáticos de un séptimo chakra desequilibrado. Si me siento tensa o tengo la cabeza nublada, me gusta difundir este aceite esencial junto con franquincienso.

MIRRA

El aceite esencial de mirra, otro aceite místico, es maravilloso para estimular un chakra de la coronilla poco activo o bloqueado. Recomiendo utilizar este aceite como parte de una mezcla personalizada para masajear el cuero cabelludo y ayudar a abrir el chakra de la coronilla.

MEZCLA CONEXIÓN DIVINA

La finalidad de esta mezcla de aceites esenciales personalizada es conectar con tu yo superior y el reino divino. Las energías de la mezcla conexión divina ayudarán con los rituales y la meditación durante el proceso de apertura y equilibrio del chakra de la coronilla. También puedes utilizar esta mezcla en momentos en los que te sientas desconectado de ti mismo, de los demás o del universo, o cuando necesites un poco de ayuda energética para reconectar con tu camino espiritual.

INGREDIENTES

- 2 cdas. aceite de almendra (o de cualquier otro aceite portador de tu elección)
- 3 gotas aceite esencial de lavanda
- 2 gotas aceite esencial de franquincienso
- 2 gotas aceite esencial de mirra
- 1 gota aceite esencial de nardo

MATERIAL

Botella oscura de vidrio de 60 ml
Cuentagotas

CANTIDAD

Para elaborar 45 ml

1. Vierte el aceite de almendra dentro de la botella oscura de vidrio.
2. Con un cuentagotas, añade todos los aceites esenciales. Tapa la botella y agita suavemente.
3. Masajea o frota el aceite en la parte superior de la cabeza y en el cuello, o inhálalo directamente, según sea necesario. (Sólo para uso externo).

⚘ VISUALIZACIÓN DEL CHAKRA DE LA CORONILLA

Para facilitar esta meditación, es importante purificar el espacio físico y energético del chakra de la coronilla. Dedica unos minutos a sahumar tu espacio y a ti mismo. Puedes coger tu ramillete de salvia y agitarlo suavemente cerca de la coronilla. Otra forma poderosa de hacerlo consiste en aplicar unas gotas de la mezcla conexión divina (capítulo 8) o de aceite esencial de franquincienso y masajear la parte superior de la cabeza con una piedra pulida de tamaño mediano para el chakra de la coronilla, como cuarzo transparente o selenita. Difunde aceite esencial de lavanda u otro de los aceites esenciales para el chakra de la coronilla. Inhala profundamente estos aceites unas cuantas veces y a continuación ponte en una posición cómoda.

1. Túmbate y cierra los ojos. Respira unas cuantas veces, inspirando por las fosas nasales y espirando por la boca. Visualiza el aliento como una hermosa luz de color violeta.

2. Dirige tu atención a la coronilla y visualiza tu respiración como una luz violeta intensa que entra en tu cabeza e inunda toda la cabeza y el cerebro. Mira cómo la luz violeta ocupa tu cabeza y siente su energía suave y pura.

3. Céntrate en la coronilla de tu cabeza y observa cómo la luz violeta forma una medialuna en la parte superior de la cabeza, que simboliza tu chakra de la coronilla. Observa cómo sientes y ves esta medialuna; fíjate en su forma, su tamaño y su color exactos, y si está girando o estática. Sigue observando esta medialuna, toma nota mental de

cualquier imagen que te venga a la mente: recuerdos, sentimientos, pensamientos e ideas intuitivas que recibas sobre el estado de este poderoso centro de energía.

4. Una vez que hayas observado la medialuna y hayas obtenido suficiente información sobre el funcionamiento del chakra de la coronilla, tómate un momento para reconocer y dar las gracias a este punto de energía de tu cuerpo, y a continuación abre lentamente los ojos.

ACTIVACIÓN DEL CHAKRA DE LA CORONILLA

Masajea el cuero cabelludo con unas gotas de la mezcla conexión divina (capítulo 8) o con un aceite esencial para el chakra de la coronilla. A continuación, dúchate y lávate bien el pelo, masajeando suavemente la coronilla y visualizando cómo el agua purifica tanto tu cuerpo físico como tu cuerpo energético. Es mejor que hagas esta activación con luz natural. Puedes estar al aire libre, si los elementos lo permiten, pero si prefieres estar en el interior haz la activación cerca de una ventana o en una habitación con luz natural. Mantén en la mano las piedras para el chakra de la coronilla. Si tienes varitas de selenita o de cuarzo, agítalas alrededor de la parte superior de la cabeza para ayudar a purificarla energéticamente.

1. Coge una de tus piedras lisas y pulidas para el chakra de la coronilla y ponla en la coronilla de tu cabeza como si estuvieras llevando una gorra de cristal. Concentrándote en la coronilla de tu cabeza, visualiza una vez más la medialuna violeta y observa cómo la luz violeta sanadora impregna toda la cabeza y el cerebro. Siente las cualidades sanadoras y tranquilizantes de esta luz y comienza a respirar más conscientemente.
2. Cuando inspires, invoca claridad, conciencia expandida y conexión divina. Cuando espires, libera los pensamientos que no te sirven o que son anticuados, discordantes o carentes de amor.
3. Dirige tu atención a la medialuna violeta que corona tu cabeza y visualiza una abertura en la parte superior que permite que penetre la luz. Considera esta luz como una luz dorada purificadora. Con tu respiración, inhala esta luz a través de la abertura de la medialuna y mira cómo brilla en tu cabeza, casi como la luz de una antorcha. Da la bienvenida a esta luz como tu conexión divina, que te permite conectar tanto con tu yo superior como con el reino divino.
4. Nota una sensación de paz y de expansión dentro de tu mente y date cuenta de que todo el mundo y todas las cosas están conectados. Hay un orden divino en tu vida, aunque no lo parezca. Siente la sensación de gratitud que inunda tu cuerpo mientras te das cuenta de la conexión y la belleza de toda la existencia.

5. Centrándote una vez más en la coronilla de tu cabeza, observa cómo la medialuna violeta se transforma en un hermoso loto violeta, que comienza a abrirse con más pétalos de los que puedes contar, todos abriéndose hacia esa luz dorada, que sigue emanando desde arriba.
6. Mientras este loto continúa floreciendo, siente una sensación de calma que inunda todo tu cuerpo, desde la cabeza hasta los pies, al darte cuenta de que estás divinamente conectado, guiado y protegido. Cuando hayas terminado, abre lentamente los ojos.

⚘ REFLEXIÓN SOBRE EL CHAKRA DE LA CORONILLA

Instalado en tu espacio sagrado o en otro lugar que hayas elegido, enciende un poco de palo santo o difunde aceite esencial de palo santo. Si tienes una varita de selenita o de cuarzo, agítala alrededor de tu cabeza. Aplica unas gotas de tu mezcla conexión divina (capítulo 8) o de aceite esencial de lavanda en tus manos y frótalas; ahueca tus manos para inhalar la mezcla. Coloca un cristal de amatista en tu escritorio o allí donde estés sentado. Toma una de tus piedras pulidas y sostenla entre las manos por unos instantes, conectándote con sus propiedades purificadoras.

Toma notas sobre la visualización y la activación de tu chakra de la coronilla. Ten en cuenta lo que has aprendido hasta el momento sobre tu chakra de la coronilla y cualquier idea que puedas tener sobre cómo puedes alinear este poderoso centro de energía y conseguir un flujo óptimo. Utiliza las siguientes preguntas como guía para tu reflexión:

- ¿Ves tus experiencias de vida a través de una perspectiva espiritual?
- ¿Cuál es tu verdad espiritual? ¿La honras en tu vida?
- ¿Participas en rituales religiosos o espirituales y lo haces con propósitos?
- ¿Te sientes conectado contigo mismo y con una fuente superior cuando realizas rituales?
- ¿Aprecias la belleza de la naturaleza?
- ¿Eres capaz de ver que apreciar la belleza, ya sea en ti mismo, en los demás o en la naturaleza, hace que la vida sea más placentera?
- ¿Crees que es tu derecho natural experimentar la felicidad?
- ¿Sientes que necesitas resolver todos tus problemas o conseguir determinadas cosas para experimentar una felicidad profunda?
- ¿Te sientes cómodo con la quietud y el silencio?
- ¿Te sientes conectado contigo mismo y con todos los seres vivos, ya sean personas, animales o plantas?

AFIRMACIONES DEL CHAKRA DE LA CORONILLA

Las afirmaciones del chakra de la coronilla ofrecen ayuda cuando te encuentras en el proceso de abrir y alinear este centro de energía. Repitiéndolas varias veces al día, puedes provocar un cambio mental, emocional y energético que facilitará la apertura y el flujo equilibrado del séptimo chakra. También puedes repetirlas siempre que necesites incorporar más rasgos del Gurú y las cualidades positivas de un chakra de la coronilla equilibrado. Es mejor que repitas estos mantras en silencio y con los ojos cerrados.

Para comenzar, difunde un aceite esencial para el chakra de la coronilla o una combinación de varios e inhala profundamente el aroma. Frota la parte superior de la cabeza, las sienes y la parte posterior del cuello con un poco de tu mezcla conexión divina (capítulo 8) o de otro aceite esencial para el chakra de la coronilla. Centrando tu atención en la coronilla, visualiza la medialuna violeta una vez más. Comienza a repetir tus afirmaciones y mientras lo haces, visualiza una luz violeta arremolinándose alrededor de la medialuna. Deja que esta luz te infunda calma y el conocimiento de que todo está bien y como debe ser. Cuando repitas tus afirmaciones, observa cómo la medialuna violeta se transforma lentamente en una hermosa flor de loto, y cuando la flor se abre, siente una sensación de paz, conexión y felicidad absoluta inundando tu cuerpo.

- Soy uno con el universo.
- Soy uno con lo divino.
- Honro y potencio mi conexión divina.
- Acepto la perfección en la imperfección.
- Confío en que todo lo que me está pasando es para mi mayor bien.
- Estoy en paz conmigo mismo, con los demás y con la vida en general.
- Experimento felicidad muy a menudo, simplemente por vivir mi vida diaria.

RITUALES
DE EQUILIBRIO DE
CHAKRAS

RITUALES EN ESTE CAPÍTULO

Ritual de activación de energía • 172

Visualización del escudo protector • 174

Vaciado diario del cerebro • 176

Visualización de los propósitos conscientes • 177

Afirmaciones diarias • 178

Meditación de respiración de conexión • 179

Meditación de respiración de equilibrio del cerebro • 181

Meditación de apertura y equilibrio de chakras • 183

Ritual de la lista de liberación • 185

Meditación en la ducha de sanación energética • 187

Baño de equilibrio de chakras • 189

Reflexión de agradecimiento • 190

Ritual de purificación del espacio • 191

NUEVE

RITUALES DIARIOS SENCILLOS

CUALQUIER RITUAL ES
UNA OPORTUNIDAD PARA LA
TRANSFORMACIÓN

Starhawk

Como ya sabes, la manera en la que pasamos nuestros días, los ambientes en los que nos movemos, las energías a las que estamos sujetos, las conversaciones que mantenemos y las situaciones que tenemos que afrontar nos impactan física y energéticamente: sobre nuestra mente, nuestro cuerpo y nuestra alma. Como consecuencia de ello, en cualquier momento puede romperse un radio de las ruedas energéticas de nuestro cuerpo. Que hayamos abierto y equilibrado nuestros chakras no significa que la vida diaria no nos desequilibre. Pero por fortuna, existen muchos rituales que pueden ayudarnos a navegar por el flujo de nuestro día a día y ayudarnos a mantener los niveles de energía limpios y alineados.

CREA NUEVOS RITUALES

Es posible que hayas oído alguna vez que lo que cuenta no es lo que hacemos de vez en cuando, sino que lo que hacemos a diario es lo que afecta positivamente sobre nuestra vida. Sin embargo, para la mayoría de nosotros, nuestra vida diaria suele ser más bien una rutina diaria. Tenemos ir a trabajar, hacer las tareas del hogar y cuidar a niños, mascotas y otros miembros de la familia. Es posible que estemos desempeñando tantas funciones y realizando tantas tareas a la vez que a menudo dejamos a un lado los aspectos básicos de cuidarnos, como desayunar.

Una mañana cualquiera tuya puede ser algo como esto: te levantas tarde, te sientes ansioso porque tienes que darte prisa para arreglarte para ir al trabajo, te olvidas el desayuno y luego tomas cafeína para compensarlo. Atiendes a quienes confían en ti y te hacen enfadar. Coges tu teléfono y vas pasando la pantalla mientras lees una serie de titulares estresantes o revisas entradas de redes sociales que te hacen sentir inquieto, y luego te enfrentas a un tráfico en hora punta lleno de otros conductores igualmente estresados, todo antes de ponerte a trabajar y enfrentarte a una situación complicada con algún compañero de trabajo o con el jefe. ¡Ni siquiera son las nueve de la mañana y la mayor parte de tu cuerpo energético ya está descontrolado! Lamentablemente, es un panorama demasiado familiar para la mayoría de nosotros. Pasé muchos años funcionando así y me decía a mí misma, como estoy segura de que probablemente estarás pensado, que así era la vida. De lo que no me daba cuenta es que gran parte de mi rutina constaba de malos hábitos que se habían convertido en rituales diarios.

Piensa en todos los rituales inconscientes que tenemos: cepillarnos los dientes, servirnos la taza de café de la mañana y navegar por nuestros teléfonos. Y luego piensa cómo podemos crear rituales de manera consciente. Ten la seguridad de que no es tan difícil como te imaginas, ni lleva mucho tiempo ni es caro. El autocuidado puede parecerte un lujo y un capricho que no puedes permitirte. Puede parecer que es para quienes no trabajan ni tienen ninguna responsabilidad, o para quienes tienen todo el dinero que quieren. Pero el autocuidado diario no tiene por qué ser complicado ni caro.

Comenzar el día con un sencillo ritual de autocuidado, como la activación de energía de cinco minutos (capítulo 9), significa que comenzarás con el pie derecho, tanto mental como físicamente. Y a medida que avanza el día, puedes ir haciendo controles para anclarte, purificar tu energía, conectar con tu respiración o hacer meditaciones, como los rituales de la meditación de respiración de conexión (capítulo 9) o la meditación de respiración de equilibrio cerebral (capítulo 9). Notarás la diferencia en cómo te ayudan en el día a día, pero lo que es más importante es cómo desempeñan un poderoso papel en una perspectiva más amplia de tu vida.

Los rituales pueden ser actos de cuidado de nosotros mismos con intención consciente, actos poderosos de amor propio. Estos actos diarios de autocuidado fomentan una mayor conexión con nuestro yo superior, con los demás y con la naturaleza. Pueden ayudarnos a sentirnos seguros y equilibrados, independientemente de lo que esté pasando en el mundo. Los rituales también nos ayudan a asumir la responsabilidad de nuestra vida y nos recuerdan que somos cocreadores de nuestra vida y no simplemente sujetos que se mueven con los vaivenes del día a día. Además, como verás, pueden convertirse en una parte realmente divertida de tu rutina diaria y de tu estilo de vida.

SIGUE EL CAMINO

Sabemos la importancia de los rituales, pero a menudo se dice que el camino al infierno está pavimentado de buenas intenciones. El hecho de que sepamos que algo es bueno para nosotros no significa necesariamente que nos resulte fácil hacerlo. Todos sabemos que ir al gimnasio y hacer ejercicio de manera habitual mejorará nuestra salud, pero ¿cuántas veces hemos pagado la matrícula de un gimnasio y no la hemos utilizado?

La motivación nos ayuda a empezar, pero el hábito es lo que nos hace seguir adelante. Debemos convertir nuestros rituales en hábitos diarios incorporados a nuestro día a día, como comer o cepillarnos los dientes. Estos hábitos no nos los saltamos, pero la verdad es que incluso con las mejores intenciones, podemos terminar saltándonos nuestra meditación matinal o decidiendo un determinado día que no tenemos tiempo para ello porque la vida nos ha puesto un obstáculo en el camino. Quizás, como yo, eres madre de un bebé y te levantas pronto para meditar antes de que el bebé se despierte, pero el bebé decide despertarse a mitad de tu meditación, así que la pospones para más tarde, pero luego no es así. Te dices a ti misma: «Soy madre. No tengo tiempo para meditar en esta etapa de mi vida». Sin embargo, la verdad es que sí tienes tiempo para ello y, si eres como yo, lo necesitas más que nunca.

MANTÉN LOS RITUALES DIARIOS

La verdad es que todo el mundo dispone de cinco minutos al día para meditar o practicar algún ritual. Aparecen complicaciones, los bebés se despiertan, la vida se activa, nos levantamos tarde, tenemos prisa, alguien en nuestra vida atraviesa una crisis y nos necesita. Todos los días puede pasar algo que nos aleje de nuestros rituales, y todos los días debemos volver a poner las manos en el corazón y recordar el poderoso papel que desempeñan nuestros cuerpos energéticos sobre nuestro bienestar. Necesitamos tener disciplina para llevar a cabo nuestros rituales e inculcarlos en nuestra vida diaria para que sean tan cotidianos como cepillarnos los dientes. A continuación, te ofrezco algunos consejos para que puedas mantener tus rituales:

- **PLANIFICA.** Puedes planificar tus rituales según tu día o tu semana. Programar tus rituales hace que sea más fácil que los lleves a cabo.

- **SÉ FLEXIBLE.** Si no has hecho tu meditación matinal, esto no significa que no la hagas. Puedes hacerla más tarde.

- **PERSONALIZA.** Ofrezco múltiples rituales en este libro, pero no es necesario que los cumplas de manera estricta. Lo más importante es que los rituales funcionen en tu caso, así que siéntete libre de modificarlos y de personalizarlos.

- **UNE FUERZAS.** Puedes formar equipo con un amigo, un compañero de trabajo o un ser querido para algunos de tus rituales. Incluso aunque no lo hagáis juntos, ¡podéis apoyaros el uno al otro!

- **SÉ PACIENTE.** El cambio no ocurre de la noche a la mañana. Es necesario realizar rituales de manera constante durante algún tiempo antes de poder disfrutar realmente de sus beneficios.

RITUAL DE ACTIVACIÓN DE ENERGÍA

MEJOR MOMENTO DEL DÍA:
Por la mañana o cuando necesites un chute de energía

TIEMPO:
5 minutos

Este ritual de activación de energía es una forma poderosa de provocar un aumento casi instantáneo en los niveles de energía. Lo ideal sería realizar este ritual a primera hora de la mañana, para que tu día comience con esta sensación positiva y la mantenga a lo largo del día; de todos modos, si no puedes hacerlo a primera hora de la mañana, siempre puedes hacerlo más tarde a lo largo del día o cuando lo necesites.

1. Establece los propósitos de recibir el cambio energético y aumenta tu necesidad de ser mejor.
2. Ponte de pie, erguido y con los pies firmemente apoyados en el suelo, idealmente sin zapatos (te puedes dejar los calcetines puestos).
3. Deja caer los hombros, estira el cuello y mantén la cabeza levantada.
4. Respirando con el vientre, cuando espires visualiza tu respiración como una luz amarilla brillante que entra en el vientre e impregna todo tu cuerpo. Utilizando tus propósitos y tu mente, visualiza y siente esta luz amarilla como una poderosa energía de fuerza vital.

5. Mientras respiras esta vibrante energía vital, imagínala estimulando cada célula, cada hueso, cada músculo y cada órgano de tu cuerpo. Visualiza esta fuerza vital recorriendo tu cuerpo, energizándote física, mental, emocional y espiritualmente. Siéntete animado, vibrante y preparado para afrontar el día.
6. Da gracias a esta vibrante energía vital que siempre puedes aprovechar y utilizar. Inspira profundamente unas cuantas veces por la nariz, saca el aire ruidosamente por la boca y suspira para sellar este ritual.

VISUALIZACIÓN DEL ESCUDO PROTECTOR

MEJOR MOMENTO DEL DÍA:
Por la mañana

TIEMPO:
5 minutos

Somos seres energéticos que nos vemos afectados por otras energías, pero no podemos controlar a terceros ni acontecimientos externos. Lo que podemos hacer es tomar medidas de precaución para preservar nuestro cuerpo energético de influencias externas negativas. Es mejor realizar esta meditación de pie o sentado. Recomiendo hacerla antes de salir de casa o cuando sientas la necesidad de un escudo protector que rodee tu aura. ¡Cuando vivía en Londres solía hacerlo de manera habitual en el metro!

1. Tanto si estás de pie como sentado, apoya firmemente los pies en el suelo y siente tu conexión con la Tierra, visualizando raíces que surgen desde lo más profundo del núcleo de la Tierra a través de la superficie y llegan hasta las plantas de tus pies. Respira profundamente unas cuantas veces, sigue con esta visualización y céntrate en tu conexión con la Tierra y en sentirte conectado a la Tierra con cada respiración.
2. Deja caer los hombros y relájalos, dejando que el cuello y la cabeza también se relajen.

3. Dirige tu atención a la parte superior de la cabeza. Utilizando la respiración, visualiza que estás respirando a través de una pequeña abertura situada en la coronilla y que esta respiración es una luz dorada brillante que baja desde el cielo a través del edificio o del lugar en el que te encuentras y penetra por la coronilla. Nota tu conexión con el reino divino y el cosmos con cada respiración y cada visualización.
4. Mentalmente, visualiza una burbuja o una esfera transparente a tu alrededor. Utiliza tu imaginación y tu creatividad. Lo más importante es sentir y ver esto como tu escudo protector de energía, visible y conocido sólo por ti. Mira cómo te rodea y mírate a ti mismo dentro de esta esfera, sabiendo que todo lo que pasa fuera de esta esfera no te incumbe. Siente una sensación de alivio y gratitud al ver esta burbuja rodeándote, protegiéndote y preservando tu campo energético.
5. Abre los ojos y continúa con tu día, sin borrar de tu mente esa visión de la burbuja de energía.

VACIADO DIARIO DEL CEREBRO

MEJOR MOMENTO DEL DÍA:
Por la mañana o por la noche

TIEMPO
15 minutos

La mayoría de nosotros vivimos preocupados. Tenemos demasiados pensamientos ocupando nuestra mente, lo que puede crear desequilibrios energéticos y provocarnos malestar emocional. De la misma manera que vamos al baño todos los días y nos deshacemos de los desechos sobrantes de nuestro cuerpo, también debemos deshacernos del exceso de pensamientos que llenan nuestra mente. Para empezar, enciende una vela aromática o una varita de incienso o difunde un aceite esencial. Lleva un diario sobre tus vaciados diarios del cerebro y recuerda que se trata de un diario para liberar pensamientos, no para reflexionar sobre ellos.

1. Abre tu diario y escribe durante 15 minutos. No importa qué escribes; no importa si no tiene sentido. No importa si es ilegible. Si no sabes qué escribir, simplemente puedes escribir «No sé qué escribir» tres páginas seguidas. Escribe sin censura y no intentes ser perfecto.
2. Cuando hayas escrito durante aproximadamente 15 minutos o tres páginas, cierra tu diario y enciende un poco de palo santo.
3. Inspira profundamente unas cuantas veces y guarda tu diario.

❀ VISUALIZACIÓN DE LOS PROPÓSITOS CONSCIENTES

MEJOR MOMENTO DEL DÍA:
Por la mañana

TIEMPO:
Entre 5 y 10 minutos

Muchas veces vivimos nuestra vida de manera inconsciente, sin propósitos. La visualización de los propósitos conscientes simplemente requiere que establezcas propósitos sobre cómo quieres que transcurra tu día en función de cómo quieres sentirte durante el día o al final de éste. ¡Todo lo que se requiere son tus propósitos y tu imaginación!

1. Piensa tres cosas que quieres que pasen hoy y establece propósitos para ellas.
2. Ahora comienza a visualizar en detalle tu día ideal y cómo te sientes con ello. ¿Qué es lo primero que pasa durante día que quieres que pase y cómo te hace sentir? Sigue con este proceso de visualizar y experimentar cada etapa de propósitos sobre cómo quieres que sea el día.
3. Apasiónate mientras utilizas tus propósitos y tu mente para visualizar y crear esos sentimientos que inundan tu cuerpo.
4. Respira profundamente unas cuantas veces, imaginando que estás inspirando y espirando desde el centro de tu corazón, y siente esa sensación de felicidad en tu corazón ante la perspectiva de disfrutar del día que deseas.

❦ AFIRMACIONES DIARIAS

MEJOR MOMENTO DEL DÍA:
Por la mañana

TIEMPO:
Entre 5 y 10 minutos

Afirmar el día ayuda a crear el día que quieres. Estas afirmaciones diarias pueden ser una mezcla de las diferentes afirmaciones de los chakras. Puedes crear un conjunto de afirmaciones que pretendes repetir cada mañana y un conjunto diferente para cada noche. Incluso puedes reunir afirmaciones que te gusta repetir para que te ayuden a pasar el día. Puedes ser creativo con éstas y modificarlas o añadirlas según lo consideres.

Las afirmaciones se suelen decir en voz alta, pero si es necesario puedes repetirlas mentalmente en silencio. Si es necesario o te va mejor, también puedes escribir tus afirmaciones. Independientemente de cómo elijas llevar a cabo tus afirmaciones, hazlo con pasión y convicción, creyendo en tus palabras y sintiéndolas mientras las pronuncias o las escribes. Para mayor efectividad y conexión, puedes repetirlas mirándote a los ojos delante de un espejo.

MEDITACIÓN DE RESPIRACIÓN DE CONEXIÓN

MEJOR MOMENTO DEL DÍA:
A mediodía

TIEMPO:
5 minutos

Diariamente nos desconectamos por culpa del ajetreo, el estrés y las tensiones de la vida cotidiana. Cuando esto sucede, a menudo nos sentimos vacíos y desconectados de nuestro cuerpo. Cuando conectamos con nuestra respiración, nos reconectamos con nuestro cuerpo y, a su vez, nos conectamos a tierra, lo que promueve una sensación de seguridad. Éste es un gran ritual para realizar al mediodía o por la noche para conectar con tu respiración y con la Tierra.

1. Busca un lugar tranquilo y agradable en el que sentarte o quedarte de pie y llevar a cabo esta respiración.
2. Cierra los ojos y céntrate en ti, tomando conciencia de tu respiración. Observa su calidad: ¿es profunda o poco profunda? ¿Es mesurada o acelerada? Observa la calidad de tu respiración sin juzgarla.
3. Dirige tu atención a tus pies y déjalos firmemente plantados en el suelo, sintiéndolos realmente y sintiendo su conexión con la Tierra.

CONTINÚA ▶▶

4. Reduce el ritmo de tu respiración e inspira profundamente, visualizando cómo tu respiración sale del centro de la Tierra a través de las raíces de debajo de la superficie del suelo donde te encuentras y acaba entrando en tu cuerpo.
5. Cuando espires, visualiza tu aliento inundando tu cuerpo y luego bajando por las plantas de tus pies hasta llegar a las raíces de debajo de la superficie y penetrar profundamente en el núcleo de la Tierra.
6. Mientras continúas con esta visualización de la respiración, siente realmente que tu cuerpo se conecta con la Tierra. Repite para tus adentros: «Estoy conectado, estoy a salvo, estoy conectado a tierra».
7. Después de varias respiraciones y una vez que te sientas lo suficientemente conectado a tierra, abre lentamente los ojos.

MEDITACIÓN DE RESPIRACIÓN DE EQUILIBRIO DEL CEREBRO

MEJOR MOMENTO DEL DÍA:
A mediodía

TIEMPO:
5 minutos

A medida que avanzamos en nuestro día a día y llevamos a cabo nuestras tareas, ya sean profesionales o personales, podemos experimentar un desequilibrio entre los hemisferios derecho e izquierdo de nuestro cerebro. Como consecuencia de ello, nuestra energía divina femenina, que promueve la intuición y la creatividad, se ve bloqueada. Este sencillo ejercicio de respiración ayuda a aportar tranquilidad y claridad, así como equilibrio a ambos hemisferios del cerebro. Puede ser especialmente útil cuando pasas de una tarea que requiere más del lado lógico o práctico de tu cerebro a una que requiere del lado creativo o intuitivo (por ejemplo, cuando terminas tu trabajo diario y quieres trabajar en tu proyecto creativo o hacer trabajo espiritual).

1. Busca un lugar cómodo en el que puedas relajarte y hacer este ejercicio.

CONTINÚA ▶▶

2. Con el pulgar derecho, cierra la fosa nasal derecha e inspira por la fosa nasal izquierda. Con el dedo anular derecho, cierra la fosa nasal izquierda, aparta el pulgar derecho de la nariz y espira por la fosa nasal derecha.
3. Repite en el orden opuesto. Inspira por la fosa nasal derecha, utiliza el pulgar para cerrar la fosa nasal derecha y libera la fosa nasal izquierda para espirar por la fosa nasal izquierda. Esto representa un ciclo.
4. Repite este ciclo diez veces.
5. Cuando hayas terminado, inspira profundamente varias veces por ambas fosas nasales y espira y suspira por la boca.

❁ MEDITACIÓN DE APERTURA Y EQUILIBRIO DE CHAKRAS

MEJOR MOMENTO DEL DÍA:
Por la noche

TIEMPO:
35 minutos

Algunos elementos de esta meditación pueden recordarte los ejercicios de visualización o activación de chakras de capítulos anteriores. El propósito de esta meditación es proporcionar una actividad más breve de apertura y equilibrio para todo el cuerpo energético. Hazlo todas las semanas los domingos por la noche para asegurarte de que tus chakras estén abiertos y girando la próxima semana. Antes de comenzar, prepara tu espacio sagrado sahumando y purificando la energía, difundiendo aceite esencial de lavanda o encendiendo una varita de incienso de sándalo y reuniendo tus piedras pulidas de cuarzo transparente o de selenita.

1. Túmbate en una posición cómoda, ya sea sosteniendo las piedras entre tus manos o colocándolas cerca.
2. Inspira profundamente unas cuantas veces por la nariz y espira por la boca. Con cada respiración, siente cómo todos los músculos se relajan a medida que te vas hundiendo más profundamente en la superficie sobre la que estás tumbado.

CONTINÚA ▶▶

RITUALES DIARIOS SENCILLOS

3. Mentalmente, comienza a escanear tu cuerpo desde la punta de los dedos de los pies hasta la parte superior de la cabeza. Fíjate en qué ves y cómo sientes cada parte del cuerpo.
4. Mientras exploras la localización física de cada chakra, haz una pausa y concéntrate en el color relacionado con esta rueda de energía. Utilizando tu respiración y las intenciones, visualiza el color como una luz tenue que se va intensificando y gira a medida que activas y aportas equilibrio a este centro de energía. Tómate el tiempo necesario para trabajar cada uno de los chakras utilizando esta visualización para activar y conseguir equilibrio.
5. Es posible que durante este proceso algunos de tus chakras requieran más tiempo y concentración que otros. Ésta es una señal de cuáles están experimentando más desequilibrios que otros.
6. Toma nota mental de cualquier observación, imagen o sentimiento que te venga a la mente mientras realizas este ejercicio y anótalo una vez que hayas terminado con la meditación.

✿ RITUAL DE LA LISTA DE LIBERACIÓN

MEJOR MOMENTO DEL DÍA:
Por la noche

TIEMPO:
10 minutos

Cada semana (¡a veces cada día!) pasan cosas que nos hacen sentir emocionalmente apagados o energéticamente desequilibrados. Este ritual de la lista de liberación es una forma catártica y poderosa de soltar las cosas que nos han hecho sentir mal. Practicando este ritual con regularidad, sentirás una liberación física, emocional y energética tangible. ¡Una vez pasé un mes entero haciendo este ritual diariamente! Se puede hacer en cualquier momento del día, cuando te resulte práctico y tantas veces como consideres que sea necesario, aunque creo que es más beneficioso hacerlo por la noche. Para conseguir un mayor impacto, al terminar realizo la meditación en la ducha de sanación energética (capítulo 9).

1. Coge un bolígrafo y una hoja de papel.
2. En la parte superior de la hoja de papel, escribe lo siguiente (o algo similar que se adapte a ti):

   Libero todo lo que está escrito a continuación porque no me sirve ni a mí ni a mi mayor bien. Al liberarlo, me reinicio física, emocional y energéticamente.

CONTINÚA ▶▶

3. Debajo de esa afirmación, escribe cualquier cosa que te moleste (por ejemplo, «me siento avergonzado por X», «me siento molesto por mi conversación con X», «siento enojo y frustración hacia X», «siento miedo o preocupación por X»).
4. Cuando hayas terminado de escribir tu lista, léela y respira profundamente unas cuantas veces mientras te preparas para destruirla y liberar las situaciones y energías negativas enumeradas.
5. Para destruir la lista de liberación, puedes quemarla, arrugarla o romperla. A mí me resulta muy catártico quemar mi lista de forma segura y ver cómo arde, sintiendo que las energías de las situaciones que estoy liberando abandonan mi cuerpo como el humo de la lista ardiendo. En cambio, otras personas disfrutan arrugando su lista o rompiéndola en varios pedazos. Independientemente de cómo elijas destruirla, asegúrate de notar una sensación de liberación palpable mientras dejas ir las energías.
6. Si tienes tiempo, puedes sellar este ritual con la meditación en la ducha de sanación energética (capítulo 9). Si no, lávate las manos y salpícate la cara con un poco de agua fría para purificarte energéticamente y completar este ritual.

☸ MEDITACIÓN EN LA DUCHA DE SANACIÓN ENERGÉTICA

MEJOR MOMENTO DEL DÍA:
Por la noche

TIEMPO:
Entre 15 y 20 minutos

Esta meditación en la ducha es una forma maravillosa de limpiarte, tanto física como energéticamente, y puede ser una experiencia muy sanadora a medida que vas eliminando cualquier residuo energético de tu aura. Esto resulta especialmente reconfortante después de un viaje o de haber estado en algún lugar muy concurrido. Antes de comenzar, haz un sahumado de tu baño y de ti mismo con un ramillete de salvia blanca y difumina aceite esencial de eucalipto.

1. Métete en la ducha y deja que el agua caiga sobre tu cabeza y tu cuerpo.
2. Con los ojos cerrados, imagina que el agua te limpia físicamente y elimina energéticamente todo lo que no te ha servido en tu día. Observa cómo cualquier negatividad o estrés te abandonan, mental y energéticamente. Siente la energía purificadora y sanadora del agua, y cómo te devuelve a tu verdadero yo.

CONTINÚA ▶▶

3. Abre los ojos y continúa con tu rutina habitual de ducha. Mientras te lavas el cuerpo y el cabello con jabón, continúa con las intenciones y la visualización de que eres lavado y purificado, tanto mental como energéticamente.
4. Quédate de pie, erguido y con los ojos cerrados, y deja que el agua de la ducha recorra tu cabeza y tu cuerpo. Visualiza que esta agua tiene un delicado color dorado y que es sanadora, reequilibrante y restauradora.
5. Termina hidratando su cuerpo y aplicando unas gotas de tu mezcla tranquilidad espiritual (capítulo 2) o de aceite esencial de lavanda para conectar con la Tierra y sellar este proceso.

BAÑO DE EQUILIBRIO DE CHAKRAS

MEJOR MOMENTO DEL DÍA:
Por la noche o una tarde tranquila de fin de semana

TIEMPO:
Entre 30 y 45 minutos

El agua tiene un enorme potencial sanador y los baños son una manera maravillosa de restablecerse energéticamente. Recomiendo tomar un baño de equilibrio de chakras durante el proceso de apertura y equilibrio de un chakra, así como cuando sientas que uno de tus centros de energía necesita sanación y ser equilibrado.

1. Reúne tus aceites esenciales y tus cristales según el chakra en el que te estés centrando.
2. Pon media taza de sal de Epsom debajo del grifo caliente de tu bañera. La sal es un gran equilibrador energético y, combinada con agua, es muy sanadora.
3. Pon algunos de tus cristales para el chakra en el agua. Los cristales lisos y pulidos funcionan mejor.
4. Cuando la bañera esté llena, añade 8 o 10 gotas de los aceites esenciales de tu elección y mezcla con las manos.
5. Entra en la bañera y establece las intenciones de aportar sanación y equilibrio al centro de energía en el que estás centrado.
6. Inspira el aroma de las esencias y da la bienvenida al apoyo energético de los cristales. Relájate y disfruta de tu baño.

❀ REFLEXIÓN DE AGRADECIMIENTO

MEJOR MOMENTO DEL DÍA:
Por la noche

TIEMPO:
5 minutos

Practico esta reflexión de agradecimiento todas las noches antes de acostarme; así me acuesto sintiéndome feliz, lo que me ayuda a dormir profundamente. No necesitas ningún material ni herramienta para esta reflexión, sólo un corazón abierto y agradecido.

1. Céntrate en tres cosas por las que estás agradecido todos los días (por ejemplo, personas, situaciones, un techo sobre tu cabeza) y en lo feliz y agradecido que estás por ellas. Deja que ese sentimiento de gratitud se apodere de tu cuerpo, ablandando y abriendo tu corazón, y brindando placer físico a cada parte de tu ser.

2. Ahora céntrate en tres cosas que han pasado durante el día por las que estás agradecido. No tienen que ser grandes ni impresionantes. Pueden ser tan sencillas como llegar sano y salvo a casa, comer una comida nutritiva o ver un arcoíris. Mientras piensas en esas cosas, deja que ese sentimiento de gratitud llene tu cuerpo de energía positiva y amorosa.

3. Da gracias al universo y a lo divino por ofrecerte todas estas cosas buenas. Siente que una sensación de paz, gratitud y profunda felicidad inunda tu mente, tu cuerpo y tu alma mientras te duermes dando las gracias por todo lo que tienes, todo lo que es y todo lo que está por venir.

❀ RITUAL DE PURIFICACIÓN DEL ESPACIO

MEJOR MOMENTO DEL DÍA:
En cualquier momento

TIEMPO:
10 minutos

Para limpiar la energía de tu hogar o de una habitación en particular, sólo tienes que encender un ramillete de salvia y sahumar el espacio que estás purificando con la intención de eliminar los desechos energéticos y crear una energía armoniosa. Mantén las ventanas cerradas para que cuando hayas terminado puedas abrirlas para dejar salir el exceso de humo y de energías no deseadas.

Si estás limpiando un espacio que no es tuyo (por ejemplo, una oficina, un avión o un destino de un viaje), utiliza tu varita de selenita o de cuarzo y agítala suavemente como lo harías con un ramillete de salvia durante una ceremonia de sahumado. Mientras agitas la varita de cristal, utiliza tus intenciones para visualizar cualquier energía negativa que se disipe y las varitas para infundir el espacio con energías puras y armoniosas.

Siempre que sea posible, difunde aceites esenciales que ayuden a purificar el espacio. Puedes elegir un aceite esencial o un espray de aceite preparado en casa con agua y unas gotas de aceites esenciales para eliminar las energías no deseadas y aportar equilibrio energético.

RITUALES EN ESTE CAPÍTULO

Ritual del equinoccio de primavera • 197

Ritual del solsticio de verano • 200

Ritual del equinoccio de otoño • 204

Ritual del solsticio de invierno • 208

Ritual de la Luna nueva • 211

Ritual de la Luna llena • 212

DIEZ
RITUALES ESTACIONALES DE RENOVACIÓN

TENGO UN POCO DE RESPETO
-INCLUSO UNA ACTITUD RESPETUOSA-
POR LA NATURALEZA Y EL ORDEN NATURAL
Y EL COSMOS Y LAS ESTACIONES

Sidney Poitier

No necesitamos dejar de lado nuestras comodidades modernas para vivir más como nuestros antepasados y estar en sintonía con la naturaleza. En vez de ello, podemos disfrutar de los beneficios de nuestra existencia moderna y vivir en concordancia con los ciclos naturales y las estaciones de la naturaleza y la Luna. Tenemos la suerte de tener lo mejor de ambos mundos. Sólo necesitamos educarnos, estar preparados para hacer ajustes en nuestra vida y crear rituales para poder alinearnos con las estaciones y los ciclos lunares. Todo esto ayudará a nuestra salud y a nuestro bienestar (mente, cuerpo y alma) y tendrá un impacto positivo sobre el flujo de nuestra vida.

CAMBIA CON LAS ESTACIONES

Si bien la humanidad ha evolucionado con muchos avances tecnológicos, científicos y médicos bienvenidos, estamos menos conectados que nunca con los ritmos naturales de la vida y la naturaleza. Ignoramos las señales de la naturaleza, los cambios en la luz del día, la Luna creciente y menguante, y los cambios de temperatura a medida que avanzamos a lo largo de las estaciones. A menudo seguimos con nuestra vida con el piloto automático. Tenemos la cabeza gacha mirando nuestros teléfonos y dispositivos digitales en lugar de mirar hacia el cielo y el entorno natural. Esta negación de nuestra conexión y de la importancia de la naturaleza significa que vivimos desincronizados con los ritmos naturales y terminamos desconectando de nosotros mismos.

En verdad, las estaciones de la naturaleza nos ofrecen un modelo para nuestra vida, que nos permite fluctuar con los ritmos naturales del planeta Tierra y experimentar diferentes energías que nos ayudan a vivir una vida más completa y saludable. Las características de cada estación sirven para enseñarnos sobre nosotros mismos y el proceso natural de la vida; sin embargo, cuando nos enfrentamos al flujo de las estaciones, nos desalineamos con la naturaleza y con nosotros mismos.

Las estaciones se dividen en energía yin y yang. Necesitamos una combinación de ambos para tener equilibrio. No queremos ser demasiado yin o demasiado yang, ya que provocará falta de armonía. El otoño y el invierno son estaciones yin, que requieren que miremos más hacia nuestro interior: descansar, restablecernos y reconectar con las energías divinas femeninas. En estas estaciones más pasivas, nuestro trabajo consiste simplemente en estar. Debemos nutrirnos, cuidar de lo fundamental y adaptar nuestra vida a las energías de la estación. Sin embargo, la gente suele quejarse en otoño y en invierno porque aparentemente las temperaturas más frías y los días más cortos nos limitan a nuestras ocupaciones, lo que tal vez hace que algunas personas crean que están funcionando de una manera no tan óptima. Podemos intentar seguir con nuestras actividades como siempre en lugar de simplemente ser. Éste es el motivo por el cual vemos un pico de enfermedades durante el otoño y el invierno, y por eso se la considera «temporada de resfriados y gripe». Vamos en contra de nuestro ritmo natural, comprometiendo a menudo nuestra salud.

Por su parte, la primavera y el verano son estaciones yang, durante las cuales notamos una sensación de excitación y energía, experimentamos un crecimiento poderoso y conectamos con las energías masculinas. Estamos más activos y creativos, y nacen nuevas versiones de nosotros mismos. Si bien podemos tener preferencias personales en cuanto a las estaciones, debemos trabajar con las energías de cada una de ellas y respetar su papel sobre nuestra vida equilibrada, tanto física como energéticamente.

Nuestros antepasados recurrieron a las estaciones para vivir su vida, entendiendo que al calor y a la elevada energía del verano, con la vida floreciendo, les seguirían las temperaturas más frías del otoño y el deterioro cíclico. Entendieron que el invierno tenía un propósito para ellos y se preparaban para esta época durante la cosecha de otoño. También sabían que, a pesar de la destrucción de la naturaleza durante el invierno, la Madre Naturaleza se regeneraría y, cuando llegara la primavera, florecería nueva vida y el verano brindaría sus frutos.

PRIMAVERA

El equinoccio de primavera representa partes iguales de día y noche y marca el inicio oficial de la primavera con un regreso a la luz después de la oscuridad del invierno. También da la bienvenida a temperaturas más suaves y días más largos. En la primavera experimentamos una especie de renacimiento después de la hibernación del invierno. Del mismo modo que la Madre Naturaleza parece despertar de su letargo invernal y el mundo natural comienza a florecer de nuevo, nos comportamos nosotros.

Es un momento para empezar de cero, por lo que tiene todo su sentido que durante esta época quieras hacer borrón y cuenta nueva para que la vida florezca. Esto significa limpiar todas las telarañas del invierno y dejarlo todo fresco, limpio y preparado para lo nuevo; de ahí la práctica popular de una limpieza de primavera, uno de mis rituales estacionales favoritos.

Es bueno aprovechar las temperaturas más suaves de la primavera para reconectar con la Madre Naturaleza y salir al aire libre más a menudo para tomar aire fresco y luz. Empieza a mover más tu cuerpo y a hacer ejercicio. Come un poco más ligero, con muchas frutas y verduras de temporada de los mercados de agricultores locales. En la primavera comienza la temporada de alergias, pero el consumo de miel local puede ayudar a aliviar los síntomas.

La primavera es la época en la que realmente despertamos los chakras del sacro y del corazón. El chakra del sacro conecta con la abundancia de la estación y adquirimos nuestra propia energía personal a medida que renacemos. El chakra del corazón se fortalece en primavera cuando vemos la belleza que nos rodea y la conexión de las estaciones y de la vida.

❀ RITUAL DEL EQUINOCCIO DE PRIMAVERA

CHAKRAS:
Sacro, corazón y garganta

CUÁNDO:
En los días previos y el día del equinoccio de primavera

TIEMPO:
Entre una hora y una hora y media al día

El equinoccio de primavera está relacionado con nuevos comienzos, fertilidad y nacimientos de todo tipo, por lo que es el momento perfecto para crear espacio para estos nuevos comienzos y plantar las semillas que deseas que florezcan en la próxima estación. Como parte de tu ritual del equinoccio de primavera, llevarás a cabo una limpieza de primavera antes de la llegada del equinoccio para prepararte tú y tu espacio para dar a luz a la novedad y experimentar la fecundidad de la estación.

ANTES DEL EQUINOCCIO DE PRIMAVERA

1. Revisa tu casa y deshazte del desorden. Regala, recicla o elimina objetos de manera responsable. Haz lo mismo con tu coche.

2. Revisa tu armario y guarda tu ropa de invierno, ya sea en el trastero o en el fondo de tu armario. Limpia todas las piezas viejas y polvorientas, y déjalas limpias y preparadas para usarlas.

3. Haz una limpieza profunda de tu hogar. Esto significa lavar alfombras, tapetes, cortinas y muebles. Mueve los muebles y quita el polvo, limpia, aspira y pasa la mopa a aquellos rincones que a menudo son ignorados.

CONTINÚA ▶▶

4. Cambia la ropa de cama: reemplaza los edredones de invierno más cálidos por una funda de primavera más ligera. Elige un color más claro y brillante.
5. Ordena tus papeles de los pocos meses que han pasado. No dejes recibos o documentos viejos por ahí. ¡Archívalos o destrúyelos!

EL DÍA DEL EQUINOCCIO DE PRIMAVERA

1. Toma un baño de equilibrio de chakras (capítulo 9) utilizando aceites esenciales de jazmín o de ylang-ylang y piedras pulidas de los chakras para el sacro y el corazón.
2. Elabora una lista de cosas nuevas que te gustaría que nacieran durante esta nueva estación y de cosas existentes que te gustaría ver florecer. Confecciona una lista de afirmaciones de esta lista.
3. Haz una meditación sencilla en la que visualices que estos deseos se hacen realidad utilizando tu imaginación y siendo creativo, confiando en tu poder para manifestar tus deseos y sintiendo la felicidad en tu corazón.
4. Finalmente, para terminar tu ritual, pronuncia tus afirmaciones en voz alta, utilizando realmente tu voz, ya sea a través de una canción o un discurso, y coloca tu lista en tu altar junto con cualquier objeto que pueda representar la manifestación de tus deseos.

VERANO

El solsticio de verano es el día más largo del año con la máxima cantidad de luz solar y presagia el inicio oficial del verano. Representa tanto un pico en el año como el punto medio, pero aún queda mucho Sol para disfrutar en los meses posteriores al solsticio. Poco a poco, los días van teniendo menos luz solar hasta llegar al otoño, cuando vuelve a haber el mismo tiempo de Sol que de Luna.

Así como el verano es la estación del Sol, también representa la energía ardiente de nuestro chakra del plexo solar, la preciosa joya de nuestro centro de energía personal. Es una estación de mucha energía en la que nos centramos en nuestro potencial individual para manifestar nuestros deseos durante el resto del año y se nos anima a conectar con la energía del Sol, que se manifiesta más masculina. Mientras disfrutamos de la luz física del Sol, podemos aprovechar esta energía para permitir que nuestra imagen pública disfrute de ser el centro de atención.

Así como el cielo soleado irradia calor, nosotros también lo hacemos en esta estación. Cuando nos energiza la luz del Sol y los días más largos, tenemos más energía para socializar, perseguir nuestras pasiones y vivir con confianza y claridad. El verano recarga nuestras baterías de energía personal y nos recuerda la importancia del placer y la diversión.

Comer muchas frutas cítricas de temporada y beber mucha agua con limón y jengibre son dos maravillosas maneras de trabajar con las energías del verano para mantenerte purificado e hidratado. También es un buen momento para hacer más ejercicio cardiovascular y aumentar el ritmo cardíaco y las endorfinas. Si puedes combinarlo con el aire libre y el Sol, ¡aún mejor! Sólo asegúrate de estar bien hidratado y de utilizar mucha protección solar.

RITUAL DEL SOLSTICIO DE VERANO

CHAKRAS: Sacro y plexo solar

CUÁNDO: El día del solsticio de verano

TIEMPO: Una hora

En el solsticio de verano recibimos la mayor cantidad de luz diurna mientras recibimos el comienzo del verano. Del mismo modo que apreciamos la luz del Sol física, también apreciamos nuestra luz interior y tomamos conciencia de nuestra esencia. El solsticio de verano nos aporta energía y actúa como un poderoso portal para infundir luz en el comienzo de una nueva etapa de la vida.

REFLEXIÓN DE VERANO

1. La primera parte de este ritual consiste en llevar un diario. Reflexiona sobre aquellos aspectos de ti mismo que deseas fortalecer. Piensa en cómo puedes sacar a la luz estas partes de ti mismo y tomar conciencia de tu esencia única.
2. También puedes hacerte algunas de las preguntas que aparecen en la reflexión sobre el chakra del plexo solar (capítulo 4) como una forma de comprobar cómo funcionan estos temas en tu vida.
3. Difunde aceite esencial de menta y disfruta de un té de jengibre y limón mientras reflexionas sobre este ejercicio de escritura.

CONEXIÓN CON LA ESENCIA INTERIOR

1. Utiliza tus notas de reflexión para hacer una lista de las formas en las que planeas apropiarte más de tu poder, conectar con tu esencia e integrarla en tu vida.
2. Quema la lista en un fuego o utilizando una vela. Mientras observas cómo arde la lista, siente tu esencia interior alimentada por las llamas para tomar conciencia de ser más tú mismo durante esta estación y las siguientes.

OTOÑO

El equinoccio de otoño marca un equilibrio entre el día y la noche, y es el inicio oficial de mi estación favorita. Después del equinoccio, los días se van acortando poco a poco hasta llegar al solsticio de invierno, el día más corto del año. A medida que bajan las temperaturas del otoño, la Madre Naturaleza se ralentiza y comienzan los ciclos naturales de decadencia. Las hojas se vuelven marrones y el paisaje comienza a cambiar con pérdidas inevitables. Por otro lado, ésta es también la estación de la cosecha y la generosidad. Por lo tanto, hay una paradoja en la energía del otoño, del mismo modo que hay una paradoja en cada uno de nosotros. Podemos cosechar los frutos energéticos de nuestro trabajo de primavera y verano mientras vemos cómo ciertas energías se marchitan, se desvanecen e incluso fenecen.

El otoño está asociado con el chakra de la raíz y significa un momento para atender nuestras necesidades básicas más internas: nuestros hogares, nuestros alimentos, nuestros cuerpos y las cosas que nos «enraízan» o nos conectan después de la elevada energía del verano. Al igual que en la primavera, tomaremos medidas para devolver el equilibrio y el orden a nuestras vidas, limpiando aspectos de nuestros hogares y nuestra vida para aportar orden, equilibrio y armonía. Así como la primavera ofrece la energía de ir hacia afuera, la estación opuesta ofrece la energía de ir hacia adentro. A medida que los días se vuelven más cortos, es posible que deseemos cambiar nuestra rutina diaria para aprovechar al máximo la luz del día. Es posible que socialicemos menos al aire libre y pasemos veladas más íntimas en casa.

Ésta es una estación en la que podemos disfrutar de más baños para equilibrar chakras o purificar la energía, más sesiones de meditación, más ratos de reflexión escribiendo en el diario y más actividades yin como el yoga. Podemos cambiar nuestro intenso ejercicio cardio del verano por actividades más pausadas y tranquilas, como salir a caminar para contemplar el paisaje cambiante de la Madre Naturaleza y aprovechar para tomar un poco de vitamina D y aire fresco.

Es importante preparar nuestro sistema inmunitario para la inevitable temporada de resfriados y gripe, que comienza en esta época. Comer más tubérculos, especialmente aquéllos cuyos colores se asemejan a los tonos de las hojas cambiantes, nos conecta con las energías de esta estación y el chakra de la raíz. Remolachas, nabos, patatas, chirivías, boniatos, cebollas y ajos tienen una alta concentración de antioxidantes y contienen vitaminas A, B y C y hierro, que aportarán a tu sistema inmunitario un impulso muy necesario. El otoño es un momento para alinearse y equilibrarse, para enraizarse en la Tierra preocupándose por lo básico, para disfrutar de la belleza del paisaje cambiante y de nuestra vida, y para confiar en este proceso energético.

❀ RITUAL DEL EQUINOCCIO DE OTOÑO

CHAKRA:
Raíz

CUÁNDO:
El día anterior y el día del equinoccio de otoño

TIEMPO:
Una hora cada día

El equinoccio de otoño simboliza el equilibrio y el orden, y mientras damos la bienvenida al otoño, este equinoccio nos pide que estemos conectados y arraigados, y que aportemos equilibrio y orden a nuestra vida mientras nos adentramos en los últimos meses del año.

EL DÍA ANTERIOR AL EQUINOCCIO DE OTOÑO

1. Dedica un rato a escribir un diario y a reflexionar sobre lo que te gustaría liberar en este momento. ¿Qué puede desaparecer literalmente con la nueva estación? ¿Qué está en decadencia, moribundo o pasado de moda? Pregúntate qué más puedes hacer para aportar equilibrio y orden a tu vida. ¿Qué te haría sentir más conectado y arraigado? También puedes aprovechar las preguntas de la reflexión sobre el chakra de la raíz (capítulo 2).

2. Consultando las notas de tu diario, tómate el tiempo necesario para elaborar una lista de tareas pendientes con acciones prácticas que puedes realizar y que aportarán orden y equilibrio a tu hogar y a tu vida, ocupándote de todos los asuntos esenciales.

EL DÍA DEL EQUINOCCIO DE OTOÑO

1. Sal a dar un paseo por la naturaleza y tómate el tiempo necesario para conectar realmente con tus sentidos con el mundo natural: observa los cambios en el color de las hojas, siente el aire más fresco y huele los aromas de la estación. Haciendo todo esto con atención y propósito, conectarás y aportarás equilibrio a tu chakra de la raíz.
2. Cuando regreses a casa, cocina algunos tubérculos. Ásalos, cocínalos al vapor, saltéalos o hiérvelos y prepara una sopa. Instálate en tu espacio sagrado, difunde un poco de aceite esencial de incienso y haz la meditación de respiración de conexión (capítulo 9).

INVIERNO

El invierno comienza oficialmente con el solsticio de invierno, el día más corto del año. Es una época en la que los seres vivos dejan de crecer o de florecer y es el clímax del ciclo de decadencia que comenzó en otoño. Con los días más cortos puede aparecer una sensación de desolación, que se ve acentuada por el paisaje extremo y desnudo. La vida puede parecer inmóvil y vacía durante el invierno, tanto en el mundo natural como en nuestra propia vida, aunque hay una belleza en la aridez que vemos y experimentamos en este momento.

Así como los animales entran en hibernación en esta época, el invierno nos anima a hacer lo mismo. Las temperaturas más frías y el tiempo más extremo nos incitan a quedarnos en casa, y los días más cortos pueden hacer que nos sintamos menos animados y activos, y más inclinados a descansar y relajarnos en un ambiente acogedor.

En la tranquilidad y la quietud del invierno, podemos tomarnos el tiempo que tanto necesitamos para descansar y recuperarnos, para mirar más profundamente hacia nuestro interior y sentarnos tanto con la oscuridad de la estación como con la oscuridad que hay en nuestro interior. Es un poderoso momento para comprender dónde y cómo podemos estar adoptando rasgos sombríos, o nuestros rasgos inconscientes, para poder transmutar la sombra en luz.

Como esta estación está más conectada con nuestro tercer ojo y los chakras de la coronilla, es un momento poderoso para fortalecer la energía femenina divina y adoptar un enfoque de la vida más yin: hacer menos y ser más. Es en este tiempo de quietud y silencio cuando podemos aprovechar nuestra sabiduría e intuición innatas a través de la meditación, el diario y la visualización, y utilizar nuestros sueños para seguir hacia adelante.

Si bien en invierno podemos concentrarnos más en nuestro trabajo espiritual y emocional, también debemos cuidar nuestro cuerpo físico. Es importante que nuestro sistema inmunitario consiga cantidades suficientes de vitamina D, por lo que, si el tiempo lo permite, es importante aprovechar al máximo el Sol invernal y salir al aire libre para ayudar a prevenir resfriados o gripes. Esto también puede ser una gran ayuda para nosotros, aportándonos equilibrio energético y conectándonos con la Tierra en un momento en el que nos encontramos más involucrados con nuestros chakras espirituales superiores.

El yoga caliente y el yin yoga restaurativo son prácticas maravillosas durante el invierno. Tomar muchos baños de equilibrio de chakras (capítulo 9) y beber infusiones calientes con lavanda, manzanilla y rosa pueden ayudarte a alinearte con las energías reparadoras de esta estación. Aprovecha la oportunidad de estar parado, descansar, restaurarte y regenerarte durante el invierno, sabiendo que todo esto tiene un poderoso propósito en tu vida. Así como los ciclos de la naturaleza están operando profundamente bajo la superficie para el inevitable renacimiento en primavera, también la próxima estación de nuestra vida se desarrolla en lo profundo de nuestra conciencia.

✿ RITUAL DEL SOLSTICIO DE INVIERNO

CHAKRAS: Tercer ojo y coronilla

CUÁNDO: El día del solsticio de invierno

TIEMPO: Una hora y media

El solsticio de invierno es el día más corto del año y marca el inicio oficial del invierno. Es un momento en el que el mundo natural y el cosmos unen fuerzas para animarnos a reflexionar y regenerarnos. El solsticio de invierno nos pide que miremos hacia adentro y conectemos y equilibremos los chakras superiores, específicamente el del tercer ojo y el de la coronilla.

1. Sahúma tu espacio sagrado y a ti mismo. Difunde un poco de aceite esencial de sándalo.
2. Completa la visualización del chakra del tercer ojo (capítulo 7) y la visualización del chakra de la coronilla (capítulo 8).
3. Prepara un poco de té (tal vez de menta fresca o de lavanda) y, con algunas de las piedras de los chakras del tercer ojo y de la coronilla a tu lado o en una mano, anota cualquier observación o experiencia que hayas tenido durante las visualizaciones de los chakras, específicamente con respecto a cualquier desequilibrio o bloqueo.

4. Escribe una lista de cualquier oscuridad que te gustaría liberar de tu vida. Quizás se trate de elementos sombríos que se encuentran en tu interior o de una situación o de sentimientos que tienes. Deja que la oscuridad estacional revele cualquier oscuridad que haya en tu vida para que puedas liberarla a la luz.
5. Enciende una vela y quema la lista con su llama. Mientras observas cómo arde la lista en la llama, establece una intención para que la oscuridad que estás liberando se transmute en luz la próxima estación.
6. Toma una ducha de purificación (consulta la meditación en la ducha de sanación energética del capítulo 9) para continuar liberando cualquier negatividad y oscuridad.

LA LUNA COMO NUESTRA GUÍA

De manera análoga a cómo las estaciones nos proporcionan un modelo para nuestra vida, la Luna también actúa como nuestra guía. La Luna era una fuerza que guiaba a los antiguos y la veían como una forma de medir el tiempo más allá de los días (para lo cual utilizaban el Sol) y como una forma de marcar los meses.

La Luna controla las mareas con su fuerza gravitatoria. Las mareas son más altas durante las Lunas llena y nueva. Los seres humanos estamos formados por entre un 60 y un 70 % de agua, por lo que la atracción gravitatoria de la Luna también nos afecta. Por ejemplo, las Lunas llenas son un momento de mucha energía en el que estadísticamente hay más incidentes de problemas de salud mental y delitos, lo que muestra una relación directa entre nuestro estado mental y el pico de alta energía del ciclo lunar. Esto no significa que las Lunas llenas sean malos momentos, sino simplemente momentos muy energéticos. También hay más nacimientos y concepciones durante las Lunas llenas.

Nuestros antepasados no contaban con la ayuda moderna de nuestros avances tecnológicos, sino que únicamente se basaban en los ciclos de la naturaleza, incluidas las fases lunares. Observaban el ciclo lunar para decidir cuándo plantar o cosechar determinados cultivos, y cómo navegar por los mares. Entendieron que los eclipses traían grandes cambios y sabían que alguien (a menudo un gran líder) o algo se vería eclipsado, provocando un fin para un nuevo comienzo.

❀ RITUAL DE LA LUNA NUEVA

CHAKRAS: Raíz, sacro y plexo solar

CUÁNDO: El mismo día o el día después de una Luna nueva

TIEMPO: Entre 45 minutos y una hora

Una Luna nueva presagia el inicio del nuevo ciclo lunar. El encuentro del Sol y la Luna nos ofrece la oportunidad de pasar página y adentrarnos en un nuevo comienzo. Cuando el cielo se oscurece durante la Luna nueva, se crea un lienzo en blanco sobre el cual podemos estampar nuestras intenciones para el próximo mes.

1. Mira el signo astrológico en el que cae la Luna nueva y los temas que rige ese signo.
2. Lleva un diario y reflexiona sobre estos temas en tu vida.
3. Elabora una lista de propósitos, con entre cinco y diez elementos, para el próximo mes lunar basada en tus reflexiones sobre estos temas. Deja esta lista en tu espacio sagrado con algunas de tus piedras para los chakras de la raíz y del plexo solar colocadas encima.
4. Practica la visualización de los propósitos conscientes (capítulo 9) para visualizar que se hacen realidad los deseos de tu lista de Luna nueva.

❀ RITUAL DE LA LUNA LLENA

CHAKRAS:
Sacro, corazón y garganta

CUÁNDO:
La noche antes de la Luna llena

TIEMPO:
Entre 45 minutos y una hora

La Luna llena simboliza el pico del ciclo lunar y es un momento de mucha energía. No hay mejor momento para que las cosas lleguen a su fin que durante la Luna llena. Deja que la luz de la Luna ilumine aquello a lo que necesitas prestar atención y quizás aquello que necesitas cerrar o sanar.

1. La noche antes de la Luna llena, reúne algunas de tus piedras pulidas para los chakras de la raíz y del sacro, déjalas en un recipiente con un poco de sal durante unos minutos y lávalas con agua del grifo.
2. Pon estos cristales en un tarro con agua filtrada y tápalo. Deja el tarro fuera de casa bajo la luz de la Luna (si tienes sitio al aire libre) o junto a una ventana iluminada por la Luna.
3. Sahúma tu espacio sagrado y a ti mismo y difunde aceite esencial de lavanda. Aplica unas gotas de la mezcla tranquilidad espiritual (capítulo 2) o de aceite esencial de lavanda en las sienes y en las muñecas antes de prepararte para un ejercicio de reflexión en el diario.

4. Escribe en tu diario una entrada que reflexione sobre los temas de la Luna llena. (Mira el signo astrológico en el que cae la Luna llena y los temas que rige ese signo en el zodíaco natural). Escribe todo lo que quieres terminar, celebrar, purificar y sanar.
5. Exponte a la luz de la Luna (si tienes un espacio exterior y el tiempo lo permite) y lee tu lista en voz alta.
6. Deshazte de tu lista quemándola con la llama de una vela o limítate a romperla. Asegúrate de que conectas y sientes las energías de lo que estás liberando.
7. Disfruta de un baño de equilibrio de chakras (capítulo 9) para tus chakras de la raíz y del sacro con las piedras y los aceites esenciales adecuados.
8. Para terminar el ritual, bebe tu agua de Luna infundida con las energías sanadoras y equilibrantes de las gemas que has elegido.

APÉNDICE
MI RITUAL DE BIENESTAR DIARIO

MAÑANA

_____
_____
_____

TIEMPO NECESARIO:

MEDIODÍA

_____
_____
_____

TIEMPO NECESARIO:

NOCHE

_____
_____
_____

TIEMPO NECESARIO:

RECURSOS

SOULSTROLOGY

soulstrology.com

Para una comprensión sencilla y práctica de la astrología con guías mensuales y rituales personalizados para cada Luna nueva y llena, cada acontecimiento astrológico importante y cada estación.

THE ALCHEMY STORE

thealchemystore.com

Para velas de chakra cargadas de reiki con meditaciones de baño de sonido personalizadas, aceites esenciales cargados de reiki y espráis de aura de esencia floral para utilizar en rituales y meditaciones.

ÍNDICE ANALÍTICO

A

aceites esenciales, 34
    árbol del té, 115
    bergamota, 134
    clavo, 115
    eucalipto, 114-115
    franquincienso, 48, 154
    jazmín, 97
    jengibre, 80
    lavanda, 154
    limón, 79
    menta, 80, 115
    mirra, 155
    naranja, 64
    nardo, 155
    neroli, 98
    pachuli, 49, 135
    palo santo, 63-64
    pomelo, 80
    rosa, 97
    salvia esclarea, 64
    sándalo, 48, 134
    vetiver, 49, 135
    ylang-ylang, 64
aceites esenciales, recetas de mezclas de, 34
    compasión y conexión, 99, 100, 103-104
    comunicación clara, 116, 117-118, 120, 122
    conexión divina, 156, 157-158, 160, 162
    creación alegre, 65, 77, 69-70
    energía personal, 81, 85-86
    mente y visión claras, 136, 137, 139, 141-142
    tranquilidad espiritual, 50, 188, 212
activación
    chakra de la coronilla, 158-160

    chakra de la garganta, 111, 113, 118-120, 121
    chakra de la raíz, 52-53
    chakra del corazón, 101-103
    chakra del plexo solar, 83-84
    chakra del sacro, 67-68
    chakra del tercer ojo, 139-140
activación de energía, ritual de, 172-173
acupuntura, 21
adicciones, 58, 60, 148
adicciones a sustancias, 60
afirmaciones
    chakra de la coronilla, 162-163
    chakra de la garganta, 122-123
    chakra de la raíz, 54-55
    chakra del corazón, 104-105
    chakra del plexo solar, 86-87
    chakra del sacro, 70-71
    chakra del tercer ojo, 142-143
    diarias, 178
Afrodita, 94
ágata
    amarilla, 79
    azul, 113-114
agitación, 76
agradecimiento, reflexión de, 190
aguamarina, 113
Ajna (chakra del tercer rojo), 23, 125-143
alegría, falta de, 70
alegría de vivir, 46
alimentarios, trastornos, 43
altar sagrado, 31-32
alucinaciones, 128
Amante, 93-94

amatista, 153
ámbar, 79
Anahata (chakra del corazón), 23, 89-105
ansiedad, 43
apertura del
    chakra de la coronilla, 149-150
    chakra de la garganta, 110-112
    chakra de la raíz, 43-44
    chakra del corazón, 93
    chakra del plexo solar, 76-77
    chakra del sacro, 69-70
    chakra del tercer ojo, 129-130
árbol del té, 115, 117
aromaterapia, 34
arquetipos divinos
    Amante, 93-94
    Comunicadora, 112
    Diosa Emperatriz, 61-62
    Diosa Madre, 44-45
    Guerrera, 77
    Gurú, 150-152
    Mujer Sabia, 130-131, 151
asma, 92
audición, problemas de, 110
autocuidado
    sistema de chakras de, 12, 21, 24
autoestima, 73, 90, 104
    baja, 42-43, 75, 78-79
azurita, 133

B

Behnke, Elizabeth A., 11
bergamota, 134
biorritmos naturales, 12
boca, dolor en la, 110
Boudica, 77
Buda, 107
budistas, enseñanzas de, 20

C

cabalistas, enseñanzas
    de los, 20
cabello, caída del, 149
cabeza, dolores de, 129, 149
calcita naranja, 62
cálculos biliares, 76
cardíacas, enfermedades, 92
cataratas, 128
celestita, 132
chakras. *Véase también*
    chakras específicos
    definición, 19-21
    origen de, 11
    primeras referencias, 20
    realidad de la energía, 21-22
    revisión, 35-37
    ruedas energéticas
        en el sistema de, 11
    sistema de, 22-23
ciática, 60
citrino, 78
clarividencia, 130
clavo, 115
columna vertebral, 42
compasión y conexión,
    mezcla, 99-100, 103-104
comunicación clara, mezcla, 116-118, 120, 122
Comunicadora, 112
concentrarse, dificultad
    para, 43, 76
conexión divina, mezcla, 156-158, 160, 162
corazón, chakra del, 22-23, 88-105
    aceites esenciales, 91, 97-98
    activación, 101-103
    afirmaciones, 104-105
    animal, 91
    apertura del, 93
    arquetipo divino: la
        Amante, 91, 93-94
    color, 91
    compasión y conexión,
        mezcla, 99, 100, 103-104

correspondencias, 91
desequilibrio en, 90, 92
elemento, 91
equinoccio de
    primavera, ritual
    del, 197-198
forma, 91
Luna llena, ritual de, 212-213
piedras, 91, 95-96
planeta, 91
reflexión, 103-104
signos astrológicos, 91
símbolo, 91
visualización, 100-101
cornalina, 62-63
coronilla, chakra de la, 22-23, 145-163
    aceites esenciales, 154-155
    activación, 153, 158-160
    afirmaciones, 162-163
    animal, 147
    apertura del, 149-150
    arquetipo divino:
        el Gurú, 150-152
    color, 147
    conexión divina, mezcla, 156-158, 160, 162
    correspondencias, 147
    desequilibrio en, 146, 148-149
    elemento, 147
    forma, 147
    piedras, 147, 152-153
    planetas, 147
    reflexión, 160-161
    signos astrológicos, 147
    símbolo, 147
    visualización, 157-158
correspondencias
    corazón, chakra del, 91
    coronilla, chakra de la, 147
    garganta, chakra de la, 108
    plexo solar, chakra del, 74
    raíz, chakra de la, 41

sacro, chakra del, 59
tercer ojo, chakra del, 127
creación alegre, mezcla, 67, 69-70
crisoprasa, 96
cristal, varita de, 32
cristales, adquisición de, 32
cuarzo
    ahumado, 47
    rosa, 95
    transparente, 152-153
cuarzo, varita de, 32
cuarzo ahumado, varita de, 47, 53
cuello, dolor de, 110
culpa, 60

D

danza, 70
depresión, 92
desequilibrio
    en el chakra de la
        coronilla, 146, 148-149
    en el chakra de la
        garganta, 109-110
    en el chakra de la raíz, 40, 42-43
    en el chakra del
        corazón, 90, 92
    en el chakra del plexo
        solar, 75-76
    en el chakra del sacro, 58, 60
    en el chakra del tercer
        ojo, 126, 138, 141
desorientación, 149
diabetes, 76
diamantes, 153
diario personal, 27, 121, 141, 176, 200, 204, 211-213
diente de león, infusión de, 53
difusor de aceites, 34
digestivos, problemas, 43-44, 75
Diosa Emperatriz, 61-62
Diosa Madre, 44-45

Durga, 77
Dyer, Wayne, 145

E

emocionales, desequilibrios, 69
energía, 21-22
    activación de, 169, 172-173
    del chakra de la raíz, 40
    en la sanación, 21
    falta de, 92
    femenina divina, 26
    flujo de, 24-25
energía personal, mezcla, 81, 86
equilibrio de chakras, baño de, 189, 198, 207, 213
equinoccio de otoño, ritual del, 204-205
escalera de chakras, 151
escudo protector, visualización del, 174-175
esmeralda, 96
espacio de sanación sagrado, 27-28
espalda, dolor de, 43, 92
espinela naranja, 63
estreñimiento, 43, 75
eucalipto, 114-115, 117-118, 109, 120, 187

F

faringitis, 110
fatiga, 43-44, 76, 149
fatiga crónica, 149
fatiga visual, 128
femenina divina, energía, 26, 206
fertilidad, problemas de, 61
franquincienso, 48, 50, 52, 154-155, 157
Freya, 77
fuego, 82
fuerza de voluntad, 73
función suprarrenal comprometida, 129

G

Gaia, 44
garganta, chakra de la, 22-23, 107-123
    aceites esenciales, 108, 114-115
    activación, 110-112
    afirmaciones, 122-123
    animal, 108
    apertura de, 110-112
    arquetipo divino: la Comunicadora, 108, 112
    color, 108
    comunicación clara, mezcla, 116-118, 120, 122
    correspondencias, 108
    desequilibrio en, 109-110
    elemento, 108
    forma, 108
    piedras, 113-114
    planeta, 108
    reflexión, 120-121
    ritual de la Luna llena, 212-213
    ritual del equinoccio de primavera, 197-198
    signos astrológicos, 108
    símbolo, 108
    visualización, 117-118, 121
garganta, infecciones de, 110
glaucoma, 128
granate, 46
Guerrera, 77
Gurú, 150-152

H

habla, defectos en el, 110
heliotropo, 46-47
hematita, 47, 53
Hermes, 112
hierro, 203
hígado, problemas en el, 76
hinchazón, 75
hindú, escritura, 20
hipertensión, 129

hipófisis, glándula, 128, 134, 149, 154
homeostasis, 24
hormonales, desequilibrios, 60-61, 110, 129, 149
humor, cambios de, 58

I

indigestión, 76
inferiores, chakras, 39
inferiores, extremidades, 42
infrarrojos, láseres, 21
inmunitario, sistema
    deficiencias en el, 92, 128
    preparación para la época de resfriados y gripe, 203
inquietud, 76
insatisfacción, 60
inseguridad, sensación de, 43
insomnio, 44, 92-93, 128-129
integridad, 110
intestino irritable, síndrome del, 75
intestino permeable, síndrome del, 75
invierno, 194, 206-209

J

jazmín, 97, 103
jengibre, 80

K

Koontz, Dean, 125
Kuan Yin, 44
kundalini, alcanzar el, 26-27

L

labradorita, 133
lapislázuli, 114
laringitis, 110

láseres infrarrojos, 21
lavanda, 49, 98, 154
lavanda, infusión de, 103
letargo, 40
libido baja, 58, 60
limón, 79
lista de liberación, ritual de la, 185-186
llagas en la boca, 110
Luna, como guía, 210-213
Luna llena, ritual de la, 212-213
Luna nueva, ritual de la, 211
lunares, ciclos, 12

M

Madre Naturaleza, 12, 26, 28, 44, 195-196, 202-203
malestar, 12
mana, 24
mandíbula, dolor en la, 110
Manipura (chakra del plexo solar), 23, 73-87
manzanilla, infusión de, 103
mareos, 149
Marley, Bob, 89
mayas, enseñanzas de los, 20
meditación de apertura y equilibrio de chakras, 183-184
meditación de respiración de conexión, 169, 179-180, 205
meditación de respiración de equilibrio del cerebro, 169, 181-182
meditación en la ducha de sanación energética, 187-188
meditaciones, 27
heliotropo en las, 47
meditación de apertura y equilibrio de chakras, 183-184
meditación de respiración de conexión, 169, 179-180

meditación de respiración de equilibrio del cerebro, 169, 181-182
meditación en la ducha de sanación energética, 187-188
melatonina, 129
menta, 80, 115, 117
mente y visión claras, mezcla, 136-137, 139, 141
Mercurio, 112
Mi ritual de bienestar diario, 214
migrañas, 128, 149
mirra, 155
monotonía, 60
moral, 109
morganita, 95
Morowitz, Harold, 19
Mujer Sabia, 130-131, 151
Muladhara (chakra de la raíz), 23, 39-55

N

nadis, 20
naranja, 64
nardo, 155-166
náuseas, 76
negatividad, 43
neroli, 98
neuralgia, 149
neurológicos, trastornos, 149

O

oído, infecciones de, 110
ojo de tigre rojo, 46
ónix, 63
otoño, 202-205
asociación del chakra de la raíz, 202

P

pachuli, 49, 50, 135, 136, 142
palo santo, 28, 51, 59, 63-67, 100, 117-118, 137, 160

páncreas, trastornos del, 76
pánico, ataques de, 92
parasimpático, sistema nervioso, 24
pecho, dolor en el, 92
pélvico, dolor, 60
pesimismo, 43
peso, problemas de, 43
piedras
 ágata amarilla, 79
 ágata azul, 113-114
 amatista, 153
 ámbar, 79
 azurita, 133
 calcita naranja, 62
 celestita, 132
 citrino, 78
 cornalina, 62-63
 crisoprasa, 96
 cuarzo rosa, 95
 cuarzo transparente, 152-153
 diamante, 153
 esmeralda, 96
 espinela naranja, 63
 granate, 46
 heliotropo, 46-47
 hematita, 47
 labradorita, 133
 lapislázuli, 114
 morganita, 95
 ojo de tigre rojo, 46
 pirita, 78
 selenita, 152
 zafiro, 132
pineal, glándula, 128-129, 134, 148, 154
pirita, 78
plexo solar, chakra del, 22-23, 73-87, 199
 aceites esenciales, 74, 79-80
 activación, 83-84
 afirmaciones, 86-87
 animal, 74
 apertura del, 76-77
 arquetipo divino: la Guerrera, 74, 77
 color, 74
 correspondencias, 74

219

desequilibrio en,
    75-76
elemento, 74
forma, 74
mezcla energía
    personal, 81, 85-86
piedras, 74, 78-79
planeta y estrella, 74
reflexión, 85-86
ritual de la Luna nueva,
    211
ritual del solsticio de
    verano, 200-201
signos astrológicos, 74
símbolo, 74
visualización, 82-83
Poitier, Sidney, 193
pomelo, 80
prana, 20, 22, 26, 146
primavera, 196-198
problemas cognitivos, 149
psicológicos, problemas,
    149

R

raíz, chakra de la, 22-23,
    39-55
    aceites esenciales, 41,
        48-49
    activación, 52-53
    afirmaciones, 54-55
    animal, 41
    apertura del, 43-44
    arquetipo divino: la
        Diosa Madre, 41,
        44-45
    asociación del otoño
        con el, 202
    bloqueo, 44, 54
    color, 41
    correspondencias,
        41
    desequilibrio en, 40,
        42-43
    elemento, 41
    energía del, 40
    forma, 41
    piedras, 41, 46-47
    planetas, 41
    reflexión, 53-54

ritual de la Luna nueva,
    211
ritual del equinoccio
    de otoño, 204-205
signo astrológico, 41
símbolo, 41
tranquilidad espiritual,
    mezcla, 50
visualización, 51-53
reflexiones
    chakra de la coronilla,
        160-161
    chakra de la garganta,
        120-121
    chakra de la raíz, 53-54
    chakra del corazón,
        103-104
    chakra del plexo solar,
        85-86
    chakra del sacro,
        69-70
    chakra del tercer ojo,
        141-142
    de agradecimiento,
        190
reiki, 21
    espinela naranja
        en el, 63
renovación, rituales
    estacionales de,
    193-213
    cambiar con las
        estaciones, 194-195
    invierno, 206-209
    Luna como guía en los,
        210
    otoño, 202-205
    primavera, 196-198
    verano, 199-201
respirar, dificultad para, 92
respiratorios, problemas,
    92
riñones, 42
ritual de purificación
    del espacio, 191
ritual del equinoccio de
    primavera, 197-198
ritual del solsticio de
    invierno, 208-209
ritual del solsticio de verano,
    200-201

rituales, 27. *Véase también*
    visualizaciones
    crear nuevos, 168-169
    heliotropo en, 47
    mantener diariamente,
        171
    Mi ritual de bienestar
        diario, 214
    ritual de activación
        de energía, 172-173
    ritual de la lista de
        liberación, 185-186
    ritual de la Luna llena,
        212-213
    ritual de la Luna nueva,
        211
    ritual de purificación
        del espacio, 191
    ritual del equinoccio
        de otoño, 204-205
    ritual del equinoccio de
        primavera, 197-198
    ritual del solsticio de
        invierno, 208-209
    ritual del solsticio de
        verano, 200-201
    sahumado y, 29-30
    seguir el camino y, 170
rituales diarios sencillos,
    167-191
    afirmaciones diarias, 178
    baño de equilibrio de
        chakras, 189
    crear nuevos, 168-169
    flexibilidad en, 171
    mantener los rituales
        diarios, 171
    meditación de apertura
        y equilibrio de
        chakras, 183-184
    meditación de
        respiración
        de conexión, 179-180
    meditación de
        respiración de
        equilibrio del
        cerebro, 181-182
    meditación en la ducha
        de sanación
        energética, 187-188
    personalización, 171

planificación, 171
ritual de activación
 de energía, 172-173
ritual de la lista de
 liberación, 185-186
ritual de purificación
 del espacio, 191
seguir el camino, 170
ser paciente con, 171
unir fuerzas en, 171
vaciado diario del
 cerebro, 176
visualización de
 los propósitos
 conscientes, 177, 211
visualización del escudo
 protector, 174-175
Robbins, Tony, 73
rooibos, 53
rosa, 97, 104
rosa, infusión de, 103

S

Saba, reina de, 62
sacro, chakra del, 22-23,
 57-71
 aceites esenciales, 59,
 63-64
 activación, 67-68
 afirmaciones, 70-71
 animal, 59
 apertura del, 60-61
 arquetipo divino:
 la Diosa Emperatriz,
 59, 61-62
 color, 59
 correspondencias, 59
 creación alegre, mezcla,
 65, 67, 69-70
 desequilibrio en, 58,
 60
 elemento, 59
 forma, 59
 piedras, 59, 62-63
 planeta, 59
 reflexión, 69-70
 ritual de la Luna llena,
 212-213
 ritual de la Luna nueva,
 211

ritual del equinoccio
 de primavera, 197-198
ritual del solsticio
 de verano, 200-201
signos astrológicos, 59
símbolo, 59
visualización, 66-67
Sahasrara (chakra de la
 coronilla), 22-23,
 145-163
sahumado, ritual de, 29-31,
 35, 66, 118
Salomón, rey, 62
salvia, 29
 blanca, 100, 118
 esclarea, 64
 quemar, 29, 101
sándalo, 48, 50-52, 134
sánscrito, 19
Santalum, árbol, 48
satisfacción, falta de, 60
selenita, 152, 157-158, 183, 191
selenita, varita de, 32
sexual, disfunción, 60
sexuales, adicciones, 60
Shakespeare, William, 77
sinusales, problemas, 128
sistema de chakras de
 cuidado personal, 12
Starhawk, 167
sukha, 24
superiores, chakras, 107, 208
suprarrenales, glándulas, 42,
 129
Sushumna, 24
Swadhisthana (chakra del
 sacro), 22-23, 57-71

T

tercer ojo, chakra del, 22-23,
 125-143
 aceites esenciales, 127,
 134-135
 activación, 139-141
 afirmaciones, 142-143
 animal, 127
 apertura del, 129-130
 arquetipo divino:
 la Mujer Sabia, 127,
 130-131

 color, 127
 correspondencias,
 127
 desequilibrio en, 126,
 128-129
 elemento, 127
 forma, 127
 mezcla mente y visión
 claras, 136-137, 139,
 141-142
 piedras, 127, 132-133
 planetas, 127
 reflexión, 141-142
 signos astrológicos, 127
 símbolo, 127
 visualización, 137-138,
 141
tibetanos, enseñanzas
 de los, 20
tierra, como metáfora
 en los Vedas, 20
tiroides, trastornos de la,
 110, 149
torpeza, 43
toxinas, eliminación de
 niveles energéticos
 y emocionales, 25
tranquilidad espiritual,
 mezcla, 50, 188, 212
tubérculos, comer más, 203,
 205
turquesa, 113

U

urinarios, problemas, 60

V

vaciado diario del cerebro,
 176
Vedas, 20
 tierra como metáfora
 en, 20
vejiga, 42
Venus, 44, 94
verano, 199-201
vetiver, 49-50, 135
vibracional, energía sonora,
 21
Virgen María, 44

Vishuddha (chakra de la
    garganta), 22-23,
    107-123
visión borrosa, 128
visualización de los
    propósitos
    conscientes, 177, 211
visualizaciones. *Véase
    también* rituales
    corazón, chakra del,
        100-101
    coronilla, chakra
        de la, 157-158
    garganta, chakra
        de la, 117-118, 121
    plexo solar, chakra
        del, 82-83
    raíz, chakra de la, 51-53

sacro, chakra
    del, 66-67
tercer ojo, chakra
    del, 137-138
visualización de
    los propósitos
    conscientes, 177
visualización del escudo
    protector, 174-175
vitamina A, 203
vitamina B, 203
vitamina C, 203
vitamina D, 203, 207

W

Winfrey, Oprah, 57
Wu Zetian, emperatriz, 62

Y

yang, energía, 194
yang, estaciones, 195
yang masculina, energía,
    26
yin, energía, 194
yin, estaciones, 194
yin femenina, energía, 26
ylang-ylang, 64
yoga, 20, 48, 70
    caliente, 207
    restaurativo, 207

Z

zafiro, 132
zumbidos en los oídos, 149

AGRADECIMIENTOS

A mi maestra, Noelle Rose, por su sabiduría, su amor y su sanación. A Jamie por ayudarme a seguir el camino correcto y mantenerme alineada. A mi hermano por mantenerme con los pies en el suelo y hacerme reír. A mamá por tu amor y por mantenerme alerta. A papá por ser siempre mi protector y mi guía. A Andrea por cuidar de mí, de mi hijo y de mi esposo durante este proceso de escritura. A Sal, mi mejor amiga durante más de treinta años, y a todos los Deysels, Phillips y Cheeses por ser mi «familia». A Tanya y a Kyle por su amistad y compañía incondicionales, y por cargar con el peso de gran parte de lo que hago. Y a Jon por ser mi hermano del alma y cocreador consciente.

Y por último, pero no por ello menos importante, a mi esposo Kevin, por ser mi mayor animador y por ser tan paciente y solidario, y a nuestro bebé ángel, Asher, por ser la prueba de que alinear tus chakras produce milagros. ¡Soy tan afortunada de querer y de ser querida por todos vosotros, y de reírme con todos vosotros!

A Meg, a Debbie y a todo el equipo de Penguin Random House por todo su apoyo y sus consejos durante este proceso de escritura y sus mágicas habilidades de edición.